Ingwer

COLLECTION
ROLF HEYNE

Ingwer

Fotografie von Luzia **Ellert**
Rezepte von Oliver **Hoffinger**
Foodstyling von Gabriele **Halper**
Text von Ingo **Swoboda**

COLLECTION ROLF HEYNE

Inhalt

Mythos Ingwer

Was heute, bedingt durch die Zunahme von asiatischen Geschmackseinflüssen in vielen Gerichten, wie selbstverständlich in vielen Küchen zu finden ist, zum Standardrepertoire der »Fusion Cookery« gehört und in den letzten Jahren auch in der »Haute Cuisine« geradezu Kultstatus erlangt hat, ist ein Geschmack, dessen Einsatzmöglichkeiten weit über das Verfeinern von Speisen hinausgehen. Ingwer, das exotische Gewächs mit dem unverwechselbaren Aroma, ist ein kulinarischer Allrounder, dem neben seiner vielfältigen Geschmacksfunktion auch wohltuende Wirkungen zur Prophylaxe und als Heilmittel zugeschrieben werden. Ingwer soll gegen Erkältungskrankheiten vorbeugen, Kopfschmerzen lindern, die Verdauung anregen, gleichzeitig den Magen beruhigen und den Kreislauf auf Trab bringen. Kein Wunder, dass Ingwer schon seit Jahrtausenden als Gewürz und Medizin bekannt ist, seine Spur führt zurück bis ins vorchristliche Altertum. Eine der ältesten Erwähnungen stammt aus Mesopotamien, als die Pflanze in der aus Tontafeln bestehenden Bibliothek des assyrischen Königs Assurbanipal auftaucht. Die Aufzeichnungen, die das damalige Wissen der Zeit dokumentieren, beschreiben unter anderem auch 250 Heil- und Gewürzpflanzen, darunter den Ingwer. Wie weit tatsächlich das Wissen um den Ingwer zurückreicht, bleibt jedoch Spekulation. Historiker reden von einer Zeitspanne bis ins dritte vorchristliche Jahrtausend, in der Ingwer eine wichtige Rolle in Medizin und Kochkunst spielte.

Seine genaue Herkunft ist nicht eindeutig zu lokalisieren, zu lange bauen zu viele Länder Ingwer an, als dass seine Quelle mit Gewissheit bestimmt werden könnte. Vermutet wird der Ursprung der Wildpflanze in Java, heute neben Sumatra, Borneo und Sulawesi eine der vier großen Sunda-Inseln der Republik Indonesien. Von dort aus wurde die Ingwerpflanze wahrscheinlich von heimischen Seefahrern nach Indien, Südostasien und an die Küste Ostafrikas gebracht. Mit dem Ingwer schützten sich die indonesischen Seefahrer auf ihren langen Reisen gleichzeitig vor der Seekrankheit, noch heute wird auf manchen Kreuzfahrtschiffen Ingwer gegen das Übelkeitsgefühl verabreicht. Über ägyptische Händler gelangte der Ingwer schließlich ins antike Griechenland und später ins Römische Reich und seine Provinzen.

China steht in der Liste der klassischen »Ingwer-Länder« auf einem der vorderen Plätze. Im Kaiserreich galt die Knolle als so genannte Herrscherdroge und damit als höheres Arzneimittel, das unabhängig von der Dosierung, niemals giftig sein konnte, dagegen den heilenden Zweck in sich trug, um »das Leben zu nähren«. Damit diente der Ingwer gleichzeitig als Gewürz der verschiedensten Speisen, in den überlieferten Rezepten Chinas taucht Ingwer als Würzmittel für getrockneten Fisch, Fleisch und Wildbret auf. Über Konfuzius wird berichtet, dass er sein Essen gerne mit einer Schale mit Ingwer ergänzte. Auch wurde Ingwer in China zur Aromatisierung von Tee und Wein benutzt und Marco Polo berichtete nach seiner Rückkehr von kandiertem Ingwer, der auf den Straßen feilgeboten wurde. Bis heute haben sich im Reich der Mitte die Kochgewohnheiten nur wenig verändert, wie zu allen Zeiten spielt der Ingwer im chinesischen Speisenplan eine wichtige Rolle. Im Norden Chinas ist er als Gewürz die dominante Zutat der Saucen, dagegen wird Ingwer im Süden vorwiegend als Gemüse zu vielen Fleischgerichten verwendet.

Auf dem Subkontinent Indien ist Ingwer und seine vermeintliche Heilkraft vermutlich seit mehreren tausend Jahren bekannt und wird in der »Sushruta Samhita«, einer bedeutenden Sammlung medizinisch-historischer Texte aus dem zweiten Jahrhundert nach Christus erwähnt, die gleichzeitig wichtige Grundlage der Ayurveda-Medizin ist. Die wiederum hat ihre Wurzeln in den mystischen Formeln der so genannten Veden, die bis in das Jahr 1500 vor Christus zurückreichen. Aus diesem Kulturkreis stammt auch das Wort »Ingwer«, was im Sanskrit, der Sprache der klassischen indischen Kultur, die vor allem im Hinduismus eine wesentliche Rolle spielt, so viel wie »Geweihförmige« oder »wie ein Horn geformt« bedeutet. (Weitere bekannte Beispiele für Sanskrit-Lehnwörter im Deutschen sind zum Beispiel Arier, Guru, Dschungel, Orange, Mandala, Moschus, Tantra und Yoga.)

Die Antike kannte Ingwer – wie fast alle Gewürze – zunächst nur als Handelsware, Gewürze aus fernen Ländern waren wertvoll und teuer und damit ein Luxusgut der gesellschaftlichen Oberschicht. Wer es sich leisten konnte, ließ seine Speisen mit exotischen Gewürzen verfeinern, ein schmackhafter Ausdruck von Reichtum und Ansehen. Vor allem die Römer schätzten würziges Essen und die Nachfrage nach Gewürzen aus dem Mittleren Osten und Indien war riesig. Gaius Plinius der Ältere beschreibt in seiner im Jahr 77 nach Christus verfassten »Naturgeschichte« den Ingwer als »kleine Pflanze mit weißer Wurzel, die nach Gewicht bezahlt wird wie Gold und Silber«. Vermutlich haben die Römer einen Großteil ihres Ingwers aus dem Jemen bezogen, um das Jahr 150 nach Christus berichtet Ptolemäus von Ingwer-Importen aus Ceylon. Im Kochbuch des Apicius mit dem Titel »De re coquinaria«, dessen zusammengetragener Text in einer Fassung aus dem dritten oder vierten nachchristlichen Jahrhundert vorliegt, taucht Ingwer in sechs Rezepten des römischen Feinschmeckers auf. Auch die Medizin bediente sich des Ingwers, der zu den Arzneimitteln gehörte, die römische Ärzte auf den Feldzügen mitführten.

Nach dem Zusammenbruch des Römischen Reiches erlebte der Ingwer im mittelalterlichen Europa ein Auf und Ab. Kriegerische Auseinandersetzungen und die daraus resultierenden Handelshemmnisse unterbrachen immer wieder die geschäftlichen Aktivitäten der Gewürzhändler, alte Handelsrouten wurden unterbrochen, doch neue entstanden nach den Kreuzzügen und die zunehmende Seefahrt brachte Waren aus der ganzen Welt in die Häfen Europas. Gewürze aus dem Morgenland zählten im Abendland zu den teuersten Gütern, waren herrschaftliche Statussymbole, die mit Steuern belegt wurden. Auf der Skala der beliebtesten und teuersten Gewürze standen Pfeffer und Ingwer an erster Stelle. Ab dem 15. Jahrhundert durchbrachen die Entdeckerreisen europäischer Seefahrer die arabische Vormachtstellung im Gewürzhandel, nach und nach mischten Portugiesen, Niederländer, Spanier und Engländer im lukrativen Ingwer-Handel mit. Die Spanier nutzten das tropische Klima ihrer mittelamerikanischen Kolonien und machten den Ingwer dort heimisch. Schon nach wenigen Jahren exportierten spanische Händler Ingwer in großen Mengen nach Europa. Die steigende Nachfrage nach Gewürzen, allen voran Ingwer, Pfeffer und Zimt, wurde auch

von der Angst vor Seuchen und Vergiftungen bestimmt. Weil man vermutete, dass Gewürze wegen ihres starken Aromas und ihrer Schärfe eine reinigende Wirkung im Körper haben und vor Krankheiten und Vergiftungen schützen, wurden leicht verderblichen Lebensmittel wie Fleisch und Fisch unter anderem mit dem intensiven Ingwergeschmack überzogen. Historiker schätzen, dass der Gewürzverbrauch im Europa des 14. und 15. Jahrhunderts rund hundertmal höher war als heute. Auch vor Bier und Wein machte der Ingwer nicht halt, teilweise wurde auch Zimt in die Fässer gemischt. Lange Zeit standen in englischen Wirtshäusern Krüge mit Ingwer, aus denen sich die Gäste bedienen konnten.

Aus dem einst knappen Luxusgut Gewürz wurde im Wettlauf der Handelsschiffe eine Massenware, in den europäischen Hafenstädten stapelten sich in den Speichern die Säcke. Dem Massenimport folgte der Preisverfall und ab dem 17. Jahrhundert verloren Gewürze kontinuierlich ihre exotische Faszination. In den Küchen wurde der sensible Eigengeschmack der Produkte entdeckt und bevorzugt, gewürzt wurde nur noch dezent und in feinen Prisen. Vor allem französische Köche verbannten Ingwer nach und nach aus ihrem Gewürzschrank. Gleichzeitig bekam der Ingwer in England Kultstatus, wurde in Kuchen, Keksen, Pudding (Ginger Plum), Brot (Gingerbread), Schokolade, Bonbons, Limonade (Ginger Ale) und Bier (Gingerbeer) verewigt und als typisch englisch in die nationale Geschmackskultur aufgenommen. Kontrastreicher konnte die kulinarische Auffassung der beiden Völker nicht sein, bis heute hat sich diese »geschmackliche Antipathie« zwischen Franzosen und Engländern gehalten.

In Kontinentaleuropa eroberte jetzt Kaffee, Kakao und Zucker die Geschmäcker der Nationen, der Ingwer geriet nur Dank der Nürnberger Lebkuchenbäcker nicht vollständig in Vergessenheit. Bis Mitte des 20. Jahrhunderts tauchten vermehrt Dill, Liebstöckel und Petersilie als Würze in der deutschen Küche auf, erst in den 1960er-Jahren erlebte der Ingwer als Bestandteil jenes Currys eine kleine Renaissance, der, kombiniert mit einer Bratwurst, zunächst die Imbissbuden im Ruhrpott und in Berlin eroberte. Die Currywurst läutete das Comeback des Ingwers in den deutschen Geschmack ein und mit den ersten asiatischen Restaurants Mitte der 1970er-Jahre kam der einstige Klassiker standesgemäß zurück in das Bewusstsein der Nation. Seit den 1990er-Jahren gibt es Ingwer in fast jedem Lebensmittelgeschäft oder Supermarkt zu kaufen, in den wenigen noch existierenden Fachgeschäften für Gewürze und in den Asiamärkten. Natürlich in unterschiedlichen Qualitäten und zu entsprechenden Preisen.

Der botanische Name des Ingwers lautet »Zingiber officinale«, die tropische Pflanze, die zur Familie der Zingiberaceae gehört, wird in vielen Ländern der Welt angebaut. Neben den USA zählen die Engländer zu den Hauptkonsumenten von Ingwer. Wichtigste Produzenten sind Indien, China, Taiwan, Thailand, Nigeria, Jamaika, mittlerweile aber auch Australien. Zur Ingwerfamilie gehören auch Gewürze wie Gelbwurz, Galgant, Kardamom und Zitwer. Der so genannte deutsche Ingwer »Kalmus« ist dagegen ein Aronstabgewächs, das in kühlen Gefilden an Seeufern wächst und als Bestandteil von Magen- und Darmarzneien Verwendung findet. Was normalerweise als Ingwer verkauft wird, ist der unterirdische Teil einer schilfartigen Staude. Die leicht gelbliche Knolle wird als »Rhizom« bezeichnet, man spricht auch von der Ingwerhand mit ihren dicken kurzen Fingern, sie ist von einer dünnen Rinde umgeben. Frischer Ingwer besteht zu rund 80 Prozent aus Wasser, dazu enthält die Knolle Stärke, Eiweiße, Fette, organische Salze, Mineralstoffe und Vitamine, vor allem Vitamin A und Vitamine aus der B-Gruppe. Die Besonderheit des Ingwers liegt jedoch in seinen Scharfstoffen und den ätherischen Ölen. Der weitaus größte Teil der Scharfstoffe besteht aus Gingerolen, einer Gruppe organischer Verbindungen. Ähnlich aufgebaut, unterscheiden sich die Verbindungen lediglich in der Zusammensetzung der Kohlenwasserstoffe: Je kürzer die Kohlenwasserstoffkette, desto schärfer der Geschmack und umgekehrt. Neben den eher milden Gingerolen kommt im Ingwer auch der schärfere Scharfstoff »Shogaol« vor, der jedoch erst beim Lagern, Trocknen oder Kochen hervortritt. Das erklärt, warum getrockneter Ingwer schärfer als die frische Knolle ist. Die ätherischen Öle, die ungefähr drei Prozent der Inhaltsstoffe des Ingwers ausmachen und sich aus

zirka 30 Substanzen zusammensetzen, lagern hauptsächlich unter der Rinde. Doch sie sind charakterisierend und sorgen für den Duft und Geschmack der Ingwerknolle. Wird ein Stück Ingwer zerteilt, ist sein zitronenartiges, erfrischend scharfes Aroma wahrnehmbar. Welcher Ingwer aus welchem Land am besten und aromatischsten ist, bleibt Geschmackssache. Australischer Ingwer soll besonders feinaromatisch und zitronig schmecken und seine Schärfe eher auf der Zungenspitze verbreiten. Dagegen schätzen Kenner das blumig-exotische Aroma des Chinesischen Ingwers, dessen Schärfe den gesamten Mund- und Rachenraum ausfüllt. Als beste Qualität, besonders fein und von würziger Schärfe gelten Ingwer aus Jamaika, die Knollen aus Afrika sind besonders scharf und Ingwer aus Indien verbreitet neben einer ausgewogenen Schärfe ein zitrusartiges, leicht süßliches Aroma.

Ingwer ist in der gesamten asiatischen Küche eine unentbehrliche Zutat. Vor der Einführung des Chilis aus Amerika war Ingwer in Ostasien meist das einzige verfügbare scharfe Gewürz. Zu Sushi wird meist süß-sauer eingelegter Ingwer (Gari) als Beilage serviert. Doch auch die europäische Küche bedient sich im Zuge der Internationalisierung von Produkten immer öfter seiner besonderen Fähigkeiten. Man kann dabei durchaus auch von einer Globalisierung des Geschmacks reden, die jedoch auch interessante neue Seiten aufzeigen und traditionelle Zubereitungsarten und eingefahrene Geschmacksrichtungen bereichern kann. Fade Gemüsegerichte bekommen durch die Verfeinerung mit Ingwer deutliche geschmackliche Akzente, Fleisch, Geflügel und Fisch können mit leichtem, scharfem Ingwergeschmack eine ganz neue Geschmacksdimension eröffnen. Ingwer dient pur oder in Mischungen (Curry, Chutneys, Marmeladen und Saucen, Wurst) als Gewürz, dazu werden Lebkuchen, Printen, Milchreis, Obstsalat und fruchtige Kaltschalen mit gemahlenem Ingwer verfeinert. Gleichzeitig kann Ingwer Fischgeruch weitgehend neutralisieren und schmeckt auch zu Meeresfrüchten. Auch kandierter Ingwer, der zur Konservierung in Sirup gekocht und nach dem Trocknen in Zucker gewendet wird, ist ein echter Klassiker und als würzig-süßes Naschwerk rund um den Erdball beliebt. Ingwer-Pflaumen und Ingwer-Nüsse sind ebenfalls in

Sirup eingelegte Stücke frischen Ingwers, als weitere süße Ingwerzubereitungen gibt es mit Schokolade überzogenen Ingwer und die in England beliebte Ingwermarmelade. Den kulinarischen Ideen sind keine Grenzen gesetzt, probieren geht vor allem beim Kochen und Zubereiten mit Ingwer über studieren.

Doch wer mit Ingwer kocht, sollte nur frische oder getrocknete Knollen kaufen und auf fertiges Ingwerpulver verzichten. Mit einer haushaltsüblichen Muskatreibe kann man Ingwerpulver selbst und vor allem in der gewünschten Menge problemlos herstellen, denn das gemahlene Gewürz verliert schnell an Aroma und Geschmack. Getrockneter Ingwer ist übrigens deutlich schärfer und hat mehr Gewürzcharakter als die frische Knolle. Dennoch sind getrockneter Ingwer und Ingwerpulver kein gleichwertiger Ersatz für frisch geernteten und eingelegten Ingwer. Ob frischer oder getrockneter Ingwer: je länger Ingwer mitkocht, umso schärfer wird das Essen. Wer gänzlich auf Schärfe, aber nicht auf Ingwer verzichten möchte, sollte der Speise frischen Ingwer kurz vor dem Servieren beigeben. Diese frische Qualität sollte eine glatte, hellbraune Haut haben, saftig und möglichst faserfrei sein. Ausnahme bilden einige afrikanische Ingwersorten, die über eine dunkelbraune Haut verfügen und sehr scharf sind. Doch wie scharf Ingwer letztendlich ist, wie aromatisch sein Geschmack, hängt in erster Linie mit dem Erntezeitpunkt zusammen. Je später die Ernte, desto schärfer der Geschmack. Die Ernte erfolgt in der Regel neun bis zwölf Monate nach der Aussaat. So genannter »Grüner Ingwer«, der bereits nach rund sechs Monaten geerntet wird, zeichnet sich durch seinen milden Geschmack und sein Zitrusaroma aus. Dagegen werden auch Knollen angeboten, die zirka 20 Monate in der Erde geblieben sind und ein deutlich scharfes Aroma aufweisen.

Für eine Vorratshaltung bietet sich Ingwer nicht an, im Kühlschrank hält sich frischer Ingwer bis zu drei Wochen, dann beginnt er auszutrocknen. Ist der Ingwer schon runzelig, sollte er nach dem Schälen ganz fein gerieben werden, um ihm doch noch seine Aromastoffe zu entlocken. Im Tiefkühlfach kann die Haltbarkeit verlängert werden, am besten wird das ganze Stück eingefroren und nach Bedarf portionsweise im gefrorenen Zustand geschnitten oder gerieben. Gefrorener Ingwer lässt sich problemlos zerteilen und schälen. Natürlich funktioniert auch das Einlegen in Alkohol, je nach Geschmack können geschälte Ingwerstücke in Madeira, Sherry oder Branntwein eingelegt werden. In süßem Essig eingelegter Ingwer besticht durch ein süßsaures, relativ scharfes Aroma.

Kochen mit Ingwer ist eine spannende Reise in die asiatische Geschmackswelt, die immer etwas Exotisches in sich trägt. Wer mit Ingwer richtig umzugehen weiß, wird seine feine Schärfe schätzen und gleichzeitig den Facettenreichtum seines Geschmacks entdecken, der vielen Produkten eine neue Würze gibt.

Kalt

Gelee vom grünen Spargel und Ingwer mit Zitronengras-Chili-Vinaigrette

Zutaten für 4 Personen

300 g grüner Spargel
Salz
9 Blatt Gelatine
20 ml Noilly Prat
1 l Gemüsefond
100 g Ingwer, fein gehackt
1 Stängel Zitronengras
2 Chilischoten
2 EL Schnittknoblauch (erhältlich im Asialaden)
1 Limette
4 EL Maiskeimöl
Salz, Pfeffer

1 Den Spargel in Salzwasser knackig kochen. In Eiswasser abschrecken.

2 Die Gelatineblätter in kaltem Wasser einweichen, dann gut ausdrücken. Nach 2 Minuten in dem erwärmten Noilly Prat auflösen.

3 Den Gemüsefond erwärmen und zugeben. Mit dem Spargel und dem Ingwer in eine mit Klarsichtfolie ausgelegte Form füllen.

4 Mindestens 2 Stunden kalt stellen.

5 Das Zitronengras fein hacken.

6 Die Chilischoten und den Schnittknoblauch klein schneiden.

7 Den Saft der Limette mit Zitronengras, Schnittknoblauch und Maiskeimöl vermischen. Mit Salz und Pfeffer würzen.

8 Das Gelee in Scheiben schneiden und mit der Marinade servieren.

Avocado-Ingwer-Creme mit Räucherlachs und Chicorée

Zutaten für 4 Personen

2 Avocados
1 Zitrone
2 EL Crème fraîche
70 g Ingwer, fein gehackt
200 g Räucherlachs, geschnitten
2 Chicorées
2 EL Balsamico
1 EL Olivenöl
1 EL Honig
Salz, Pfeffer

1 Die Avocados schälen und entkernen.

2 Die Avocados in kleine Würfel schneiden, mit dem Saft der Zitrone und dem Ingwer aufmixen.

3 Die Crème fraîche untermengen, mit Salz und Pfeffer abschmecken.

4 Den Räucherlachs auflegen, die Creme aufstreichen und zu kleinen Bällchen formen. Kühlen.

5 Den Chicorée in feine Streifen schneiden und mit Balsamico, Olivenöl, Honig, Salz und Pfeffer würzen.

6 Die Bällchen mit dem Chicorée servieren.

Terrine von roten Ingwer-Rüben mit Wasabi-Mohn-Sauce

Zutaten für 4–6 Personen

300 g rote Rüben, gekocht

90 g Ingwer

250 g saure Sahne

6 Blatt Gelatine

65 ml Weißwein

250 ml Sahne

2 EL Mohn, gemahlen

1 TL Wasabipaste (erhältlich im Asialaden)

Salz

200 g Joghurt

1 200 g Rüben mit dem geriebenen Ingwer und der sauren Sahne aufmixen. Die restlichen Rüben in ganz feine Scheiben schneiden.

2 Die Gelatine in kaltem Wasser einweichen. Nach 5 Minuten ausdrücken und mit dem Weißwein erwärmen.

3 Die Gelatinemasse unter die Rübenmasse rühren.

4 Die Sahne halbfest schlagen und unterheben, dann die Rübenscheiben vorsichtig untermengen.

5 Die Masse in eine mit Klarsichtfolie ausgelegte Terrinenform füllen und mindestens 2 Stunden kühlen.

6 Den Mohn in einer Pfanne ohne Fettzugabe anrösten.

7 Zusammen mit Wasabi und Salz unter den Joghurt mischen.

8 Die Terrine stürzen, in Scheiben schneiden und mit der Sauce servieren.

Tatar vom Yellowfin-Tuna und geräucherter Ingwerpute

Zutaten für 4 Personen

200 g Putenbrust
Salz
100 g Ingwer
Buchenholz
2 EL Butter
300 g Yellowfin-Thunfisch
1 Limette
2 EL Olivenöl
Salz, Pfeffer
1 EL Senf
4 Scheiben Toastbrot

1 Die Pute mit Salz würzen, mit dem geriebenen Ingwer einreiben und in einem Räucherofen mit Buchenholz 20 Minuten räuchern. Kalt stellen.

2 Die Pute in Butter beidseitig je 3 Minuten braten, erneut kalt stellen.

3 Die Putenbrust in kleine Würfel schneiden.

4 Den Thunfisch in kleine Würfel schneiden.

5 Beides in einer Schüssel mit Limettensaft, Olivenöl, Salz, Pfeffer und Senf würzen.

6 Mit Toastbrot servieren.

30 Kalt

Kichererbsensalat mit Ingwer-Curry-Rahm und Mandarinen

Zutaten für 4 Personen

300 g Kichererbsen
1 rote Zwiebel
1 rote Paprikaschote
3 EL Olivenöl
2 EL Koriander, gehackt
6 Mandarinen
Salz, Pfeffer
1 EL Reisweinessig
200 g saure Sahne
2 EL Crème fraîche
1 TL Currypaste
70 g rosa Ingwer

1 Die Kichererbsen über Nacht in kaltem Wasser einlegen.

2 Am nächsten Tag das Wasser abgießen und die Kichererbsen in frischem Wasser weich kochen.

3 Die Zwiebel schälen und in kleine Würfel schneiden.

4 Die Paprika in kleine Würfel schneiden und mit der Zwiebel in einer Pfanne mit Olivenöl anbraten.

5 Den Koriander dazugeben und mit Salz und Pfeffer würzen.

6 Mit Reisweinessig und den Kichererbsen vermischen.

7 Die Mandarinen sorgfältig schälen, von allem Weißen befreien und in Spalten teilen. Die Mandarinen zu den marinierten Kichererbsen geben.

8 Die saure Sahne mit Crème fraîche, Currypaste, dem gehackten rosa Ingwer, Salz und Pfeffer würzen.

9 Den Kichererbsensalat mit dem Dip servieren.

31

Kalt

Friséesalat mit Kartoffel-Liebstöckel-Dressing und pochiertem Ingwerei

Zutaten für 4 Personen

100 g mehlige Kartoffeln
250 ml Gemüsefond
Salz, Pfeffer
2 EL Liebstöckel, gehackt
1 EL Crème fraîche
2 EL Weißweinessig
1 TL Ingwerpulver
4 Eier
1 kleiner Kopf Friséesalat

1 Die Kartoffeln schälen und in kleine Würfel schneiden.

2 Die Würfel in Gemüsefond weich kochen. Nach Belieben mit Salz und Pfeffer würzen.

3 Mit dem Liebstöckel und der Crème fraîche vermischen und mit einem Stabmixer aufmixen.

4 500 ml Wasser mit Essig, Ingwerpulver, Salz und Pfeffer würzen.

5 Aufkochen lassen und die Hitze reduzieren. Die Eier aufbrechen und in den Sud einlegen. 5 Minuten ziehen lassen.

6 Den Friséesalat putzen und mit dem Dressing marinieren.

7 Den Salat auf Tellern anrichten und mit den Eiern servieren.

Geräucherte Forellenfilets mit Ingwer-Zwiebel-Chutney

Zutaten für 4 Personen

4 Forellenfilets à 120 g
Salz, Pfeffer
Buchenholz
4 große Zwiebeln
2 EL Butter
2 EL Honig
100 g Ingwer, fein
gerieben
250 ml Weißwein
1 TL Kreuzkümmel
2 EL Petersilie, gehackt
1 EL Kerbel, gehackt

1 Die Fischfilets salzen und pfeffern und in einem Räucherofen 20 Minuten mit Buchenholz räuchern.

2 Die Zwiebeln schälen und in große Würfel schneiden.

3 Die Butter schmelzen lassen und die Zwiebeln darin anbraten. Den Honig und den Ingwer dazugeben und mit Weißwein ablöschen.

4 Mit Salz und Kreuzkümmel würzen und kochen lassen, bis die Zwiebeln weich sind.

5 Die gehackten Kräuter dazugeben.

6 Die Fischfilets am besten noch warm mit dem Chutney servieren.

Blini mit geeistem Ingwer-Rahm und Saiblingskaviar

Zutaten für 4 Personen

300 g saure Sahne
100 g Crème fraîche
1 Zitrone
100 g Ingwer
Salz, Pfeffer
500 ml Milch
10 g Hefe
250 g Buchweizenmehl
1/2 TL Zucker
1 Chilischote
Salz
10 g Butter
1 Eigelb
Butterschmalz zum Ausbacken

1 Saure Sahne und Crème fraîche mit Zitronensaft, dem geriebenem Ingwer, Salz und Pfeffer würzen und in einem Gefäß in den Tiefkühler stellen.

2 125 ml der Milch lauwarm werden lassen und die Hefe darin auflösen.

3 Das Mehl in eine Schüssel geben. In die Mitte eine Mulde drücken und die Hefemischung hineingießen.

4 Ein wenig des Mehls und den Zucker untermengen und den Vorteig an einem warmen Ort ca. 20 Minuten gehen lassen.

5 Jetzt die restliche Milch mit der gehackten Chilischote, dem Salz, der geschmolzenen Butter und dem Eigelb unterrühren.

6 Den Teig nochmals 90 Minuten gehen lassen.

7 Den Teig löffelweise in eine Pfanne mit Butterschmalz geben und beidseitig je 3 Minuten braten.

8 Die heißen Blini mit dem geeisten Rahm und dem Kaviar servieren.

35 Kalt

Rohkost vom Sedano, Karotten, Kohlrabi mit Schnittlauch-Ingwer-Dip

Zutaten für 4 Personen

1 Limette
1 EL Meersalz
3 Stangen Sellerie (Sedano)
2 Karotten
1 Kohlrabi
50 g Ingwer
200 g Crème fraîche
2 EL Joghurt
3 EL Schnittlauchröllchen

1   Eine Schüssel mit Eiswasser füllen. Salz und Limettensaft dazugeben.

2   Das Gemüse schälen und in gleich große Stifte schneiden.

3   In das Eiswasser einlegen.

4   Den Ingwer fein hacken und mit dem Joghurt, der Crème fraîche, den Schnittlauchröllchen und etwas Salz vermengen.

5   Das Gemüse abtropfen lassen und mit dem Dip servieren.

Ananas-Ingwer-Schaum mit Salat vom Solospargel

Zutaten für 4 Personen

400 g grüner Spargel
1 Zitrone
Salz, Pfeffer
2 EL Olivenöl
1 Handvoll Friséesalat
100 g Ingwer
200 g Ananassaft
125 ml Sahne
3 EL Crème fraîche
Kerbel zum Garnieren

1 Das jeweils untere Drittel der Spargelstangen schälen und den Spargel in Salzwasser knackig kochen. Die Spargelstangen in Eiswasser abschrecken.

2 Den Saft der Zitrone mit Salz, Pfeffer und Olivenöl zu einem Dressing vermengen.

3 Den Spargel längs halbieren und mit dem gewaschenen Salat mit dem Dressing marinieren.

4 Den Ingwer fein hacken und mit dem Ananassaft aufkochen.

5 Sahne und Crème fraîche dazugeben, mit Salz würzen und aufmixen.

6 Den Schaum mit dem Spargelsalat servieren und mit Kerbel dekorieren.

Taschenkrebs-Mayonnaise mit Ingwer-Lauchzwiebel

Zutaten für 4 Personen

3 Taschenkrebse
etwas Kümmel
1 Ei
250 ml Olivenöl
1 TL Dijonsenf
1/2 Limette
2 EL Dill, gehackt
Salz
70 g Ingwer
2 Lauchzwiebeln

1 Die Taschenkrebse in kochendem Salzwasser mit Kümmel 10 Minuten kochen lassen.

2 Mit kaltem Wasser abspülen. Die Krebse ausbrechen und das Fleisch in eine Schüssel geben.

3 Das Ei in ein hohes, schmales Gefäß geben. Das Olivenöl hinzufügen und mit einem Stabmixer langsam zu einer Mayonnaise mixen.

4 Mit Senf, Limettensaft, Dill und Salz würzen.

5 Die Mayonnaise mit dem Krebsfleisch vermischen.

6 Den Ingwer in feine Streifen schneiden.

7 Die Lauchzwiebel ebenfalls in feine Streifen schneiden und mit dem Ingwer vermischen.

8 Das Ingwer-Lauchzwiebelgemisch auf Teller geben und die Mayonnaise darauf anrichten.

39 Kalt

Matjes-Röllchen mit rosa Ingwer-Kraut

Zutaten für 4 Personen

1 rote Zwiebel
200 g Weißkraut
1 EL Olivenöl
125 ml Rotwein
1 Chilischote
80 g rosa Ingwer
2 EL Ketchup
Salz, Pfeffer
400 g Matjesfilets

1   Die Zwiebel schälen und in feine Streifen schneiden.

2   Das Weißkraut ebenfalls in feine Streifen schneiden.

3   In einem Topf das Olivenöl heiß werden lassen. Die Zwiebel und das Kraut darin anschwitzen.

4   Mit Rotwein ablöschen. Chilischote und Ingwer fein hacken und hinzufügen.

5   Mit Ketchup, Salz und Pfeffer würzen und kochen lassen, bis das Kraut weich ist.

6   Die Matjesfilets mit einem sehr scharfen Messer längs halbieren.

7   Die beiden Hälften auflegen, mit dem Kraut bedecken und zu einer Rolle formen. Diese mit Zahnstochern oder kleinen Spießchen fixieren. Noch warm servieren.

Kalte Kürbis-Ingwer-Suppe mit Kürbiskerncracker

Zutaten für 4 Personen

100 g Ingwer
1 Zwiebel
400 g Kürbis
2 EL Olivenöl
250 ml Weißwein
1 l Gemüsefond
1 TL Kümmel, gemahlen
Salz, Pfeffer
2 EL Sherryessig
2 EL Sahne
2 EL Crème fraîche
2 fertige Strudelblätter
1 EL Kürbiskernöl
100 g Parmesan, gerieben
3 EL Kürbiskerne, gehackt

1 Den Ingwer fein hacken.

2 Die Zwiebel und den Kürbis schälen und beides in kleine Würfel schneiden.

3 Ingwer, Kürbis und Zwiebel in einem Topf mit Olivenöl anbraten.

4 Mit Weißwein ablöschen und mit Gemüsefond aufgießen.

5 Den Kürbis weich kochen. Mit Kümmel, Salz, Pfeffer und Sherryessig würzen.

6 Mit Sahne und Crème fraîche aufmixen und 2 Stunden kalt stellen.

7 Die Strudelblätter mit Kürbiskernöl bestreichen. Mit geriebenem Parmesan und Kürbiskernen bestreuen.

8 Die Strudelblätter auf einem Backblech mit Backpapier im vorgeheizten Backofen bei 185 °C knusprig backen, dann in Stücke brechen.

9 Die Suppe in gekühlte Teller füllen und mit den Crackern servieren.

Salat vom Landhuhn, Lauch, Ingwer und Erdbeeren

Zutaten für 4 Personen

3 Hühnerbrustfilets
(ca. 200 g)
Salz, Pfeffer
2 EL Olivenöl
1 Lauchstange
250 g Erdbeeren
1 EL Himbeeressig
2 EL Haselnussöl
120 g Lollo bianco,
gewaschen und in
mundgerechte Stücke
zerpflückt
70 g rosa Ingwer

1. Die Hühnerbrüste mit Salz und Pfeffer würzen und in einer Pfanne mit Olivenöl bei geringer Hitze auf beiden Seiten je 3 Minuten braten.

2. Den Lauch waschen und in feine Streifen schneiden. 30 Sekunden in Salzwasser blanchieren, in Eiswasser abschrecken.

3. Aus 50 g Erdbeeren, Salz, Pfeffer, Essig und Haselnussöl mit einem Stabmixer eine Marinade mixen.

4. Den Lauch mit dem gewaschenen Salat und der Marinade vermischen.

5. Die Hühnerbrüste aufschneiden.

6. Die restlichen Erdbeeren halbieren.

7. Den Salat auf Tellern anrichten, den rosa Ingwer daraufgeben. Die Hühnerbrüste und die restlichen Erdbeeren drauflegen.

43
Kalt

Gelee vom Steinpilz mit Majoran und Ingwer-Eierschwammerl

Zutaten für 4 Personen

1 l Gemüsefond
70 g Steinpilze, getrocknet
Salz, Pfeffer
1 TL Majoran, getrocknet
8 Blatt Gelatine
2 EL weißer Portwein
300 g Pfifferlinge (Eierschwammerl)
2 EL Butter
50 g Ingwer
1 EL Zitronensaft
2 EL Petersilie

1   Den Gemüsefond aufkochen.

2   Die getrockneten Steinpilze mit einer Küchenmaschine zu feinem Pulver mixen.

3   Das Pulver unter den Fond rühren, mit Salz, Majoran und Pfeffer würzen.

4   Die Gelatine in kaltem Wasser einweichen. Nach 5 Minuten ausdrücken und in einer Kasserolle mit dem Portwein erhitzen.

5   Ein Drittel des Steinpilzfonds zur Gelatinemasse geben, danach den restlichen Steinpilzfond unterrühren.

6   Das Gelee in Gläser füllen und 1 Stunde in den Kühlschrank stellen.

7   Die Pfifferlinge putzen.

8   In einer Pfanne Butter schmelzen lassen und die Pfifferlinge darin anrösten. Mit gehacktem Ingwer, Salz, Pfeffer, Zitronensaft und Petersilie würzen.

9   Die Pfifferlinge in die Gläser aufteilen und sofort servieren.

Tipp Wenn man zusätzlich zu den Pfifferlingen 1 bis 2 frische kleine Steinpilze mitbrät, wird das Gelee noch feiner.

45 Kalt

Salat vom Safran-Ingwer-Reis mit eingelegten Kräuterlimetten

Zutaten für 4 Personen

4 Limetten
1 EL Salz
4 EL Honig
250 ml Weißwein
2 EL Koriander, gehackt
2 EL Petersilie, gehackt
4 Tassen Gemüsefond
3 Messerspitzen Safran
80 g Ingwer
80 g Rosinen
2 Tassen Basmatireis
3 Handvoll Rucola

1 Die Limetten in grobe Scheiben schneiden.

2 Mit Salz, Honig, Weißwein und den Kräutern einreiben und über Nacht im Kühlschrank ziehen lassen.

3 Den Gemüsefond mit Safran, geriebenem Ingwer und Rosinen aufkochen.

4 Den Reis hinzufügen und 8 Minuten kochen lassen. Weitere 10 Minuten ziehen lassen und mit einer Gabel auflockern.

5 Den Rucola mit den Limettenscheiben marinieren und mit dem Reis lauwarm servieren.

Marinierter Räuchertofu mit Nori und Knoblauch-Ingwer-Marinade

Zutaten für 4 Personen

4 EL Sojasauce
2 EL Reisweinessig
1 EL Sesamöl
3 EL Koriander, gehackt
4 Knoblauchzehen, gehackt
150 g Ingwer
500 g Räuchertofu
2 EL Olivenöl
100 g Erbsenschoten
150 g Sojasprossen

1. Aus Sojasauce, Essig, Sesamöl, Koriander, Knoblauch und Ingwer eine Marinade rühren.

2. Den Räuchertofu darin 30 Minuten ziehen lassen.

3. Den Tofu aus der Marinade nehmen und trocknen.

4. In Scheiben schneiden und in einer Pfanne mit Olivenöl scharf anbraten.

5. Die halbierten Erbsenschoten und die Sojasprossen dazugeben.

6. Mit der Marinade ablöschen und einkochen lassen.

7. Nach Belieben mit Reis servieren.

Salat von grünen Bohnen und Rindfleisch mit Minze und Ingwer

Zutaten für 4 Personen

2 rote Zwiebeln
3 EL Apfelessig
1 EL Kürbiskernöl
Salz, Pfeffer
400 g Rindfleisch, gekocht
400 g grüne Bohnen
2 EL Olivenöl
100 g Ingwer
4 EL Minze, gehackt
1 Handvoll Feldsalat

1 Die Zwiebeln schälen und in feine Streifen schneiden.

2 Aus Essig, Kürbiskernöl, Salz und Pfeffer eine Marinade rühren.

3 Die Zwiebeln in die Marinade geben.

4 Das Rindfleisch in feine Scheiben und dann in Streifen schneiden, zu den Zwiebeln geben.

5 Die Bohnen putzen und in Salzwasser knackig kochen. In Eiswasser abschrecken.

6 Die Bohnen trocknen, halbieren und in einer Pfanne mit Olivenöl anbraten.

7 Zum Rindfleisch geben.

8 Den Ingwer fein hacken und zusammen mit der Minze untermengen.

9 Vor dem Servieren den Feldsalat untermischen.

49 Kalt

Geeiste Ingwer-Birne mit geflämmtem Dolce Latte

Zutaten für 4 Personen

250 ml Weißwein
100 g Ingwer
2 EL Honig
1 Lorbeerblatt
1 Wacholderbeere
Salz, Pfeffer
4 Birnen (Gute Luise)
300 g Dolce Latte (milder Blauschimmelkäse)
3 EL Semmelbrösel

1. Den Wein mit dem in feine Scheiben geschnittenen Ingwer, dem Honig, Lorbeer, Wacholder, Salz, Pfeffer und 500 ml Wasser aufkochen lassen.

2. Die Birnen schälen, halbieren und entkernen.

3. In den Sud einlegen und so lange ohne Erhitzen ziehen lassen, bis die Birnen weich sind.

4. Die Birnen aufschneiden und im Tiefkühlgerät 10 Minuten kühlen. Auf Teller legen.

5. Den Käse mit den Bröseln vermengen.

6. Die Masse auf die Birnen streichen und mit einem Bunsenbrenner oder einem Crème-brûlée-Brenner gratinieren.

Pfirsich-Ingwer-Kaltschale mit knusprigem Prosciutto

Zutaten für 4 Personen

1 Zwiebel
70 g Ingwer
2 EL Butter
300 g Pfirsiche
125 ml Orangensaft
500 ml Gemüsefond
2 EL Crème fraîche
Salz, Pfeffer
4 Scheiben roher
Schinken (Prosciutto)

1 Die Zwiebel schälen und in kleine Würfel schneiden.

2 Die Zwiebel mit dem fein gehackten Ingwer in Butter anschwitzen.

3 Die Pfirsiche halbieren und entkernen. Zu den Zwiebeln geben und mit anschwitzen.

4 Mit Orangensaft und Gemüsefond aufgießen und 20 Minuten kochen lassen.

5. Die Crème fraîche untermengen und mit einem Stabmixer aufmixen. Würzen, dann durch ein Sieb streichen.

6 Im Kühlschrank mindestens 1 Stunde kühlen.

7 Die Prosciuttoscheiben auf einem Backblech mit Backpapier im Backofen bei 100 °C knusprig braten.

8 Die kalte Suppe mit den Schinkenscheiben servieren.

Vitello mit Thunfisch-Ingwer-Sauce

Zutaten für 4 Personen

400 g Oberschale vom
Kalb (Vitello)

Salz, Pfeffer

2 EL Olivenöl

1 Dose Thunfisch in
Olivenöl

100 g saure Sahne

3 EL Crème fraîche

100 g Ingwer

einige Kapern

1/2 Zitrone, in dünne
Scheiben geschnitten

1 Das Kalbfleisch mit Salz und Pfeffer würzen und in einer Pfanne mit Olivenöl rundherum scharf anbraten.

2 Im vorgeheizten Backofen bei 150 °C ca. 20 Minuten rosa braten.

3 Aus dem Backofen nehmen und abkühlen lassen.

4 In der Zwischenzeit den Thunfisch mit der sauren Sahne, der Crème fraîche, dem fein gehackten Ingwer, den Kapern und dem Zitronensaft aufmixen, bis eine feine Creme entsteht.

5 Nach Belieben mit Salz und Pfeffer würzen.

6 Das kalte Fleisch in dünne Scheiben schneiden und auf Tellern anrichten. Mit der Creme bestreichen und mit Kapern und Zitronenscheiben dekorieren.

Spaghettisalat mit Mozzarella und Ingwer-Basilikum-Pesto

Zutaten für 4 Personen

200 g Spaghetti
4 EL saure Sahne
1 Zitrone
4 EL Basilikum
50 g Ingwer
1 EL Walnüsse
2 EL Parmesan
Salz, Pfeffer
4 EL Olivenöl
200 g Mozzarella

1 Die Spaghetti weich kochen. Mit kaltem Wasser abschrecken und mit saurer Sahne und Zitronensaft würzen.

2 Das Basilikum mit gehacktem Ingwer, Nüssen, Parmesan, Salz und Pfeffer in einem Mörser zu einer feinen Paste zerstoßen.

3 Die Paste mit Olivenöl aufrühren.

4 Die Spaghetti auf Tellern anrichten, mit Mozzarellastücken belegen und mit dem Pesto beträufeln.

54

Geräucherte Gänsebrust mit Radi-Salat und Pflaumen-Ingwer-Sauce

Zutaten für 4 Personen

1 Rettich (Radi, ca. 400 g)
Salz
2 EL Sherryessig
Pfeffer
50 g Ingwer
3 EL Pflaumenwein
50 g Dörrpflaumen
1 EL Zitronensaft
1 EL Honig
350 g geräucherte Gänsebrust

1 Den Rettich schälen und in feine Stifte schneiden. Mit Salz würzen und nach 2 Minuten den überschüssigen Saft ausdrücken.

2 Den Rettich mit Sherryessig und Pfeffer würzen.

3 Den Ingwer fein hacken und mit Pflaumenwein, den gehackten Dörrpflaumen, Zitronensaft, Honig und Salz würzen.

4 Die Gänsebrust in dünne Scheiben schneiden und mit dem Radi-Salat und der Sauce servieren.

Muffin von Karotte und Ingwer mit Pfefferglasur

Zutaten für 4 Personen

1 Ei
200 g Zucker
120 ml Öl
250 ml Buttermilch
2 TL Backpulver
1/2 TL Natron
280 g Mehl
1 TL Zimt
220 g Karotten
50 g Ingwer
100 g Puderzucker
1 Limette
1 EL Szechuanpfeffer, geschrotet

1 Das Ei mit dem Zucker schaumig rühren.

2 Öl und Buttermilch unterrühren und weiter schaumig schlagen.

3 Backpulver und Natron ins Mehl einsieben.

4 Zimt dazugeben.

5 Die Mehlmischung vorsichtig unter die Ei-Zucker-Mischung heben.

6 Die Karotten und den Ingwer reiben und unter den Teig mischen.

7 Nun die Masse sofort in das Muffinblech gießen und im vorgeheizten Backofen bei 160 °C Heißluft auf der mittleren Schiene ca. 20 Minuten backen.

8 Den Puderzucker mit dem Limettensaft und dem Pfeffer vermischen.

9 Die Muffins mit der Zuckerglasur bestreichen.

Tipp Wenn Sie den Teig in mit Backpapier ausgelegte Weckgläser (125 ml Füllmenge) füllen und backen, erhalten Sie Muffins wie auf der Abbildung rechts.

Ziegenfrischkäse auf Schwarzbrot-Toast mit Ingwerhonig

Zutaten für 4 Personen

4 Scheiben Schwarzbrot
2 EL Butter
300 g Ziegenfrischkäse
Salz, Pfeffer
70 g Ingwer
200 g Honig
2 EL Schnittlauchröllchen

1 Die Brotscheiben mit der Butter bestreichen und in einer Pfanne knusprig braten, dann kurz abkühlen lassen.

2 Den Ziegenkäse daraufstreichen, mit Salz und Pfeffer würzen.

3 Den Ingwer fein reiben und mit dem Honig erwärmen.

4 Den warmen Honig auf die Brote gießen und mit Schnittlauch servieren.

61 Kalt

Warm

Schwarzwurzel-Flusskrebs-Gratin mit Ingwer-Radicchio-Salat

Zutaten für 4 Personen

60 g Butter
5 Eigelb
Salz
1 EL Dill, gehackt
1 TL Cayennepfeffer
1 EL Semmelbrösel
1 EL Speisestärke
200 g Crème fraîche
500 g Flusskrebse, ausgelöst
100 g Radicchio
60 g Ingwer
2 Limetten
2 EL Honig
3 EL Olivenöl
Salz, Pfeffer

1 Die Butter schaumig schlagen und die Eigelbe nach und nach unterrühren.

2 Mit Salz, Dill und Cayennepfeffer würzen. Brösel, Speisestärke und Crème fraîche untermengen.

3 Die Flusskrebse in Suppenteller füllen und mit der Gratinmasse bestreichen.

4 Unter dem Backofengrill bei 250 °C gratinieren.

5 Den Radicchio waschen, trocknen und in feine Streifen schneiden.

6 Den Ingwer reiben.

7 Aus dem Saft der Limetten, Honig, Olivenöl, Salz und Pfeffer ein Dressing rühren.

8 Den Radicchio damit marinieren und zu dem Gratin servieren.

Drachenkopf aus dem Ingwer-dampf mit Petersilienpesto und Tomaten-Schupfnudeln

Zutaten für 4 Personen

300 g mehlige Kartoffeln, gekocht
3 Eigelb
1 EL Tomatenmark
Salz
20 g Mehl
1 EL Speisestärke
1 EL Grieß
60 g Petersilie
2 EL Olivenöl
1 EL Walnüsse, gerieben
2 EL Butter
2 Tomaten
100 g Ingwer
4 Drachenkopffilets
à ca. 120 g

1 Die Kartoffeln durch eine Presse drücken. Mit Eigelb, Tomatenmark, Salz, Mehl, Speisestärke und Grieß zu einem kompakten Teig verarbeiten.

2 Den Teig 10 Minuten rasten lassen.

3 Die Petersilie fein hacken. Mit Salz, Olivenöl und Nüssen zu einem Pesto rühren.

4 Den Kartoffelteig zu kleinen Kugeln formen und zwischen den Handflächen zu Schupfnudeln rollen.

5 Die Nudeln in kochendes Salzwasser geben und garen, bis sie an der Oberfläche schwimmen. Die Schupfnudeln vorsichtig in ein Nudelsieb gießen, kurz mit kaltem Wasser abschrecken und gut abtropfen lassen.

6 Die Butter in einer Pfanne schmelzen. Die Tomaten in kleine Würfel schneiden und dazugeben.

7 Die Nudeln darin schwenken.

8 In einem Topf mit Dampfeinsatz den klein geschnittenen Ingwer mit Wasser zum Kochen bringen.

9 Den Dampfeinsatz auflegen und die leicht geölten Filets einlegen. Salzen.

10 Die Fischfilets nach ca. 8 Minuten aus dem Dampf nehmen und mit den Nudeln und dem Pesto servieren.

65

Warm

Hühnerbrust mit feuriger Ingwerhaut und Pfirsichrisotto

Zutaten für 4 Personen

2 EL rosa Ingwer, eingelegt
1 Chilischote
1 EL Szechuanpfeffer
1 TL Meersalz
4 Hühnerbrüste à 125 g
2 EL Walnussöl
1 weiße Zwiebel
1 EL Olivenöl
100 g Risottoreis
125 ml Weißwein
500 ml Hühnerfond
3 Weingartenpfirsiche
2 EL Butter
2 EL Petersilie, gehackt
2 EL Parmesan, gerieben

1. Den Ingwer und die Chilischote fein hacken. Mit Szechuanpfeffer und Meersalz in einem Mörser zu einer Paste verarbeiten.

2. Die Hühnerbrüste in einer Pfanne mit Walnussöl beidseitig scharf anbraten. Mit der Ingwer-Chili-Paste bestreichen und im vorgeheizten Backofen bei 140 °C etwa 20 Minuten braten.

3. Die Zwiebel schälen und in kleine Würfel schneiden. In einem Topf mit Olivenöl anbraten.

4. Den Reis dazugeben und mit Weißwein ablöschen. Den Risotto 20 Minuten köcheln lassen, dabei nach und nach unter ständigem Rühren den Hühnerfond dazugeben.

5. Die Pfirsiche in kleine Würfel schneiden. Zu dem Risotto geben.

6. Butter, Petersilie und Parmesan untermengen, 1 Minute rasten lassen.

7. Die Hühnerbrüste in dünne Scheiben schneiden und mit dem Risotto anrichten.

Tipp Servieren Sie jede Portion mit einem kleinen, in Weißwein und Ingwer pochierten Weinbergpfirsich.

In Ingwer und Szechuanpfeffer pochierte Perlhuhnbrust mit lauwarmem Waldorfsalat

Zutaten für 4 Personen

250 ml Weißwein
Salz
100 g Ingwer
1 EL Szechuanpfeffer
200 g Knollensellerie
50 g Stangensellerie
4 Perlhuhnbrüste à 130 g
250 ml Weißwein
125 ml Sahne
2 EL Walnüsse, gehackt
2 EL Butter
Salz, Pfeffer
1 EL Sherryessig
2 EL Selleriegrün, gehackt

1 250 ml Weißwein mit 500 ml Wasser zum Kochen bringen, salzen.

2 Den Ingwer in feine Scheiben schneiden und mit dem Szechuanpfeffer in den Sud geben.

3 Den Knollensellerie schälen und in feine Streifen schneiden. Den Stangensellerie in Scheiben schneiden.

4 Beides 40 Sekunden in Salzwasser kochen, mit kaltem Wasser abschrecken.

5 Die Perlhuhnbrüste in den Sud einlegen und 8 Minuten bei geringer Hitze köcheln lassen.

6 250 ml Weißwein mit Sahne einkochen lassen, bis die Masse eine honigartige Konsistenz hat.

7 Die Nüsse in Butter anrösten, zur Sahne geben.

8 Mit Salz, Pfeffer und Sherryessig würzen. Die beiden Selleriesorten einlegen und erwärmen.

9 Die Filets aus dem Sud nehmen, mit dem Salat auf Tellern anrichten und mit dem Selleriegrün servieren.

Sauté von der Wachtel mit Gänseleber-Ingwer-Sauce und Selleriepüree

Zutaten für 4 Personen

4 Wachteln, ausgelöst
Salz, Pfeffer
2 EL Olivenöl
125 ml Rotwein
500 ml Geflügelfond
400 g Knollensellerie
125 ml Milch
50 g Ingwer
100 g Gänseleber
3 EL Butter

1 Die Wachtelfilets und -keulen mit Salz und Pfeffer würzen und in einer Pfanne mit Olivenöl beidseitig scharf anbraten.

2 Aus der Pfanne nehmen und warm stellen.

3 Den Bratrückstand mit Rotwein ablöschen und mit Geflügelfond aufgießen. Einkochen lassen.

4 Den Sellerie schälen und in kleine Stücke schneiden. In Milch und Salzwasser weich kochen.

5 Den Ingwer fein hacken und mit der klein geschnittenen Gänseleber in die Sauce geben. Aufmixen.

6 Den Sellerie abgießen und mit der Butter aufmixen. Mit Salz und Pfeffer würzen.

7 Die Wachtelstücke in die Sauce legen und erwärmen.

8 Die Wachteln mit dem Püree und der Sauce servieren.

69 Warm

Vogerlsalat-Schaumsuppe mit knusprigen Ingwer-Kartoffel-Röllchen

Zutaten für 4 Personen

5 festkochende Kartoffeln
1 EL Apfelessig
1 TL Senf
Salz, Pfeffer
1 TL Zucker
1 EL Schnittlauchröllchen
1 kleine rote Zwiebel
2 fertige Strudelblätter
1 Ei
Öl zum Frittieren
1 weiße Zwiebel
1 EL Butter
250 ml Weißwein
750 ml Gemüsefond
250 ml Sahne
2 Handvoll Feldsalat (Vogerlsalat)

1   Die Kartoffeln weich kochen. Noch warm schälen und in kleine Würfel schneiden.

2   Mit Essig, Senf, Salz, Pfeffer und Zucker würzen.

3   Den Schnittlauch und die geschälte, in kleine Würfel geschnittene rote Zwiebel hinzufügen.

4   Die Strudelblätter halbieren und mit dem verquirlten Ei bestreichen. Am unteren Rand mit der Kartoffelmasse belegen, danach wie einen Strudel einrollen.

5   Die Rollen schwimmend in Öl knusprig frittieren und warm stellen.

6   Die weiße Zwiebel in einem Topf mit Butter anschwitzen. Mit Weißwein ablöschen und mit Fond aufgießen. Etwa 10 Minuten kochen lassen.

7   Die Sahne dazugeben und weitere 2 Minuten köcheln lassen. Mit Salz und Pfeffer würzen.

8   Den gewaschenen Feldsalat dazugeben und alles aufmixen.

9   Die aufgeschäumte Suppe in Teller füllen und mit den Röllchen servieren.

Rosa Lammkeule
mit Rosmarin und Ingwer gefüllt auf cremiger Fontina-Polenta

Zutaten für 4 Personen

60 g Ingwer
2 EL Rosmarin, gehackt
Salz
1 kg Lammkeule, ausgelöst
2 EL Olivenöl
500 ml Rotwein
1 Karotte
1 Zwiebel
2 Knoblauchzehen
2 Stangen Sellerie
500 ml Gemüsefond
100 g Maisgrieß (Polenta)
150 g Fontina
3 EL Crème fraîche

1 Den Ingwer fein hacken und mit Rosmarin und Salz vermengen.

2 Eine Seite der Lammkeule damit bestreichen und einrollen.

3 Mit Küchengarn umwickeln und gut verschnüren.

4 In einem Bräter mit Olivenöl rundherum scharf anbraten.

5 Mit Rotwein ablöschen und mit 500 ml Wasser aufgießen.

6 Karotte, Zwiebel und Knoblauch schälen. Mit dem Sellerie in 3 x 3 cm große Würfel schneiden.

7 Die Würfel in den Sud geben und im vorgeheizten Backofen bei 160 °C 40 Minuten dünsten. Dabei immer wieder wenden.

8 Den Gemüsefond aufkochen und die Polenta einrieseln lassen.

9 Unter stetigem Rühren erneut aufkochen lassen.

10 Den Fontina in kleine Würfel schneiden und mit der Crème fraîche in die Polenta einrühren.

11 Nach Belieben mit Salz und Pfeffer würzen.

12 Die Lammkeule aus dem Backofen nehmen und von der Schnur befreien, dann zugedeckt im ausgeschalteten Backofen etwa 8 bis 10 Minuten ruhen lassen. Die Lammkeule in Scheiben schneiden und mit dem Saft und der Polenta servieren.

Lamm-Schafskäse-Strudel mit Gurken-Ingwer-Tsatsiki

Zutaten für 4 Personen

400 g Lammhackfleisch
1 rote Zwiebel
1 EL Olivenöl
2 EL Schnittknoblauch
(erhältlich im Asialaden)
1 Ei
2 EL Semmelbrösel
Salz, Pfeffer
1 Packung Strudelteig
3 EL Olivenöl
200 g Salatgurke
100 g Feta
1/2 Zitrone
60 g Ingwer

1 Das Lammhack mit der gewürfelten Zwiebel in einer Pfanne mit Olivenöl anbraten.

2 Den Schnittknoblauch fein schneiden und mitrösten.

3 Die Pfanne von der Kochstelle nehmen und abkühlen lassen.

4 Das Ei und die Brösel untermengen, mit Salz und Pfeffer würzen.

5 1 Strudelblatt mit Olivenöl bestreichen, 1 Strudelblatt darauflegen, alles mit der Masse bestreichen und wie einen Strudel zusammenrollen.

6 Den Strudel mit Olivenöl bestreichen und auf einem Backblech mit Backpapier im vorgeheizten Backofen bei 180 °C etwa 40 Minuten goldbraun backen.

7 In der Zwischenzeit die Gurke mit einem Küchenhobel zu feinen Streifen hobeln.

8 Mit Salz würzen und nach 2 Minuten ausdrücken.

9 Den Feta mit dem Saft der halben Zitrone und dem gehackten Ingwer mit dem Stabmixer aufmixen und mit den Gurkenstreifen vermischen.

10 Den Strudel aus dem Backofen nehmen, in Stücke schneiden und mit dem gekühlten Tsatsiki servieren.

73
Warm

In Ingwer und grünem Tee geräucherte Entenbrust mit Radieschen-Rösti

Zutaten für 4 Personen

3 Entenbrüste, weiblich
100 g Ingwer
3 EL grüner Tee
1 EL Buchenholzschnipsel
Salz, Pfeffer
1 EL Olivenöl
5 festkochende Kartoffeln
1 EL Butterschmalz
1 Frühlingszwiebel
5 Radieschen
Salz, Pfeffer
2 EL Petersilie, gehackt

1. In einem Räucherofen die Entenbrüste, den in Scheiben geschnittenen Ingwer und den Tee 20 Minuten mit Buchenholz bei geringer Hitze räuchern. Wenn kein Ofen vorhanden ist, einen alten Topf mit Holz, Ingwer und Tee erhitzen, ein Sieb einlegen, die Entenbrüste daraufgeben und so dicht wie möglich verschließen.

2. Die Entenbrüste herausnehmen, mit Salz und Pfeffer würzen und in einer Pfanne mit Olivenöl auf der Hautseite bei geringer Hitze etwa 5 bis 7 Minuten braten. Die gebratenen Entenbrüste in eine feuerfeste Form geben, mit dem Bratensatz übergießen und im auf 100 °C vorgeheizten Backofen etwa 20 bis 25 Minuten garen.

3. Bei 195 °C in den vorgeheizten Backofen geben. So lange braten, bis die Haut goldgelb ist. Dann wenden und aus dem Backofen nehmen. Noch eine Weile ziehen lassen.

4. Die gekochten Kartoffeln in dünne Scheiben schneiden. In einer Pfanne mit Butterschmalz anbraten.

5. Die Frühlingszwiebel in Streifen schneiden und zu den Kartoffeln geben.

6. Die Radieschen in 2 cm dicke Spalten schneiden und kurz mitrösten. Mit Salz und Pfeffer würzen.

7. Die Petersilie dazugeben und auf Teller verteilen.

8. Die Entenbrüste in Scheiben schneiden und die Radieschen-Rösti daraufgeben. Mit dem Bratensaft beträufeln.

75 Warm

Scampi-Ingwer-Spieß mit Gemüse-Couscous

Zutaten für 4 Personen

1 Tasse Gemüsefond
1 Tasse Couscous
1 Chilischote
2 EL Koriander
1 TL Ingwerpulver
1 EL Maisgrieß (Polenta)
1 Limette
12 Scampi
2 EL Olivenöl
100 g Salatgurke
2 rote Paprika
1 Frühlingszwiebel
2 EL Butter
Salz, Pfeffer
2 EL Petersilie, gehackt

1 Den Gemüsefond aufkochen und in eine Schüssel mit dem Couscous geben.

2 Gut verrühren und mit einer Folie abdecken. 5 Minuten ziehen lassen.

3 Die Chilischote fein hacken und mit Koriander, Ingwerpulver, Polenta und dem Saft der Limette vermengen.

4 Die geputzten Scampi damit bestreichen und auf Spieße stecken.

5 Die Spieße in Olivenöl beidseitig je 3 Minuten braten. Warm stellen.

6 Die Gurke schälen, entkernen und in kleine Würfel schneiden.

7 Die Paprika entkernen und mit der Frühlingszwiebel in kleine Würfel schneiden.

8 Das Gemüse in Butter anbraten, salzen und pfeffern und mit dem zwischen den Fingern zerriebenen Couscous vermischen.

9 Die Petersilie untermengen.

10 Den Couscous mit den Scampi servieren.

Branzinofilet mit karamellisierten Ingwer-Zitronen und Pignolireis

Zutaten für 4 Personen

3 Zitronen (unbehandelt)
2 EL Honig
100 g Ingwer
1 EL brauner Zucker
125 ml Weißwein
2 Tassen Langkornreis
4 EL Pinienkerne (Pignoli)
2 EL Olivenöl
2 EL Petersilie, gehackt
4 Wolfsbarschfilets (Branzino) à 120 g
Salz, Pfeffer

1 Die Zitronen in 2 cm dicke Scheiben schneiden.

2 In einer Pfanne den Honig und den geriebenen Ingwer mit dem braunen Zucker karamellisieren.

3 Mit Weißwein ablöschen und die Zitronenscheiben einlegen. So lange bei geringer Hitze kochen lassen, bis die gesamte Flüssigkeit verkocht ist.

4 Den Reis laut Packungsangabe kochen.

5 Die Pinienkerne in einer Pfanne mit 1 EL Olivenöl anrösten. Die Petersilie dazugeben und den Reis untermischen. Warm stellen.

6 Die Branzinofilets mit Salz und Pfeffer würzen und in einer Pfanne mit dem übrigen Olivenöl auf der Hautseite anbraten. Nach 3 Minuten umdrehen und weitere 2 Minuten ziehen lassen.

7 Die Filets mit dem Reis und den Zitronen servieren.

Lachsforelle aus dem Ingwersud mit Mandel-Spinat

Zutaten für 4 Personen

250 ml Weißwein
1 EL weißer Balsamico
1 Lorbeerblatt
150 g Ingwer
1 TL Meersalz
4 Lachsforellenfilets à 130 g
3 EL Butter
3 EL Mandeln, gehobelt
200 g Spinat
Salz, Pfeffer
Muskat

1 Den Weißwein mit 250 ml Wasser, Essig, Lorbeer, fein gehacktem Ingwer und Meersalz aufkochen.

2 Die Fischfilets halbieren und in den Fond einlegen. Den Topf von der Kochstelle nehmen und die Filets 10 Minuten ziehen lassen.

3 In der Zwischenzeit die Butter braun werden lassen und die Mandeln dazugeben.

4 Den gewaschenen Spinat hinzufügen und umrühren. Dünsten, bis der Spinat auf die Hälfte zusammengefallen ist.

5 Mit Salz, Pfeffer und Muskat würzen.

6 Den Spinat auf Tellern anrichten. Die Filets darauf verteilen und mit dem Sud beträufeln.

Tipp Dazu passen Salzkartoffeln oder in brauner Butter geschwenkte gekochte Kartoffeln.

Gebratene Entenleber mit Schokoladen-Ingwer-Sauce und rosa Pfeffer

Zutaten für 4 Personen

600 g Entenstopfleber
Meersalz, Pfeffer
2 EL griffiges Mehl
1 EL Olivenöl
250 ml Geflügelfond
100 g Bitterschokolade
50 g Ingwer
1 EL Butter
1 EL Thymian, gehackt
Salz
2 EL rosa Pfeffer

1 Die Leber in gleich dicke Scheiben schneiden und gut kühlen.

2 Mit Salz und Pfeffer würzen und in griffigem Mehl wenden.

3 In einer heißen Pfanne mit Olivenöl beidseitig je 1 Minute anbraten. Warm stellen.

4 Den Bratrückstand mit Geflügelfond aufgießen. Die gehackte Schokolade und den gehackten Ingwer dazugeben und einkochen lassen.

5 Mit Butter verfeinern, den Thymian dazugeben und evtl. mit Salz würzen.

6 Die Leber mit der Sauce und dem rosa Pfeffer servieren.

Tipp Dazu passt Basmatireis.

Polenta-Melanzani-Röllchen mit rosa Ingwer-Paprika-Sauce

Zutaten für 4 Personen

2 Auberginen (Melanzani)
Salz
2 EL Balsamicoessig
3 EL Olivenöl
500 ml Gemüsefond
70 g Maisgrieß (Polenta)
200 g Parmesan
1 rote Paprikaschote
125 ml Weißwein
125 ml Sahne
80 g rosa Ingwer
Salz, Pfeffer

1 Die Auberginen längs in 2 cm breite Scheiben schneiden.

2 Die Scheiben mit Salz und Balsamico würzen und in einer Pfanne mit Olivenöl beidseitig anbraten. Kalt stellen.

3 Den Gemüsefond aufkochen und die Polenta einrieseln lassen.

4 Erneut aufkochen und den geriebenen Parmesan dazugeben. Von der Kochstelle nehmen.

5 Die Auberginenscheiben mit Polenta bestreichen und zu Rollen formen.

6 Die Rollen in eine mit Olivenöl bestrichene feuerfeste Form stellen.

7 Die Paprikaschote entkernen, würfeln und in dem Weißwein-Sahnegemisch weich kochen.

8 Den gehackten rosa Ingwer dazugeben. Mit Salz und Pfeffer würzen und aufmixen.

9 Die Röllchen mit der Sauce bedecken und im vorgeheizten Backofen bei 190 °C etwa 15 Minuten backen.

10 Aus dem Backofen nehmen und mit der Sauce servieren.

Kaninchen in Ingwer und Shiraz geschmort mit Honig-Nektarinen

Zutaten für 4 Personen

1 kg Kaninchenfleisch, zerteilt
2 EL Olivenöl
100 g Ingwer
200 g Stangensellerie
1 rote Zwiebel
1 l Shiraz
500 ml Geflügelfond
4 Nektarinen
1 EL Butter
1 EL Rosmarin, gehackt
1 EL Honig
4 Frühlingszwiebeln
Salz, Pfeffer
1 EL Mehl
2 EL Butter

1 Das Kaninchen in gleich große Stücke zerteilen. In einem Topf mit Olivenöl anbraten. Herausnehmen.

2 Den Ingwer mit der Schale in kleine Würfel schneiden und im Bratrückstand anbraten.

3 Den Stangensellerie und die geschälte Zwiebel in Würfel schneiden, ebenfalls dazugeben und kurz anrösten.

4 Mit Shiraz ablöschen und mit Fond aufgießen.

5 Die Kaninchenstücke wieder in den Topf geben und bei mäßiger Hitze köcheln lassen, bis das Fleisch weich ist.

6 In der Zwischenzeit die Nektarinen entkernen und in breite Spalten schneiden.

7 In einer beschichteten Pfanne die Butter schmelzen lassen. Den gehackten Rosmarin hineingeben.

8 Den Honig einrühren und leicht karamellisieren lassen.

9 Die Nektarinen darin schwenken und die in Streifen geschnittenen Frühlingszwiebeln hinzufügen. Mit Salz und Pfeffer würzen.

10 Das Fleisch aus dem Topf nehmen und warm stellen.

11 Die Butter mit dem Mehl vermengen, so dass eine pasteartige Masse entsteht. Diese Paste in die Sauce geben und so lange einkochen lassen, bis die Sauce sämig ist. Bei Bedarf mit Salz und Pfeffer würzen.

12 Die Kaninchenstücke auf Teller verteilen und mit Sauce übergießen. Mit Nektarinen belegen.

Ingwer-Kalbspolpetti in Zitronenblättern und Kirschtomaten gegart

Zutaten für 4 Personen

700 g Kalbshackfleisch
50 g Ingwer
1 EL Rosmarin
2 EL Semmelbrösel
1 Ei
Salz, Pfeffer
2 EL Olivenöl
5 Zitronenblätter
2 EL Butter
250 ml Rotwein
250 ml Gemüsefond
500 g Kirschtomaten

1 Das Kalbshack mit gehacktem Ingwer und Rosmarin, Semmelbröseln und Ei vermischen.

2 Mit Salz und Pfeffer würzen.

3 Aus der Masse kleine Bällchen (Polpetti) formen und diese in einer Pfanne mit Olivenöl rundherum anbraten.

4 Die Zitronenblätter halbieren und in Butter anbraten. Mit Rotwein und Gemüsefond ablöschen.

5 Die halbierten Kirschtomaten dazugeben, aufkochen lassen.

6 Die Bällchen dazugeben und im vorgeheizten Backofen bei 185 °C etwa 20 Minuten schmoren.

7 Aus dem Backofen nehmen und auf Tellern anrichten. Die Sauce evtl. mit Salz und Pfeffer würzen und servieren.

Tipp Dazu passt frisches Weißbrot.

Reisnudeln mit Erdnusshuhn und Mango-Ingwer-Gemüse

Zutaten für 4 Personen

100 g Reisnudeln
4 Hühnerbrüste à 130 g
Salz, Pfeffer
2 EL Sesamöl
1 rote Zwiebel
1 EL Olivenöl
100 g Erbsenschoten
1 Mango
2 EL Sojasauce
2 EL Koriander, gehackt
1 EL Erdnussbutter
2 EL Erdnüsse, gehackt

1   Die Reisnudeln laut Packungsangabe zubereiten. Mit kaltem Wasser abschrecken.

2   Die Hühnerbrüste mit Salz und Pfeffer würzen und in einer Pfanne mit Sesamöl beidseitig bei geringer Hitze 3 Minuten braten. Warm stellen.

3   Die Zwiebel schälen und in feine Streifen schneiden.

4   In einer Pfanne mit Olivenöl anbraten.

5   Die Erbsenschoten längs halbieren und dazugeben.

6   Die Mango schälen und in kleine Würfel schneiden und dazugeben.

7   Mit Sojasauce ablöschen, den gehackten Koriander und die Reisnudeln unterheben.

8   Die Hühnerbrüste mit Erdnussbutter bestreichen und mit den gehackten Erdnüssen bestreuen.

9   Die Hühnerbrüste mit den Nudeln servieren.

85
Warm

Pak Choi aus dem Ofen in Ingwer-Rosinen-Vinaigrette und Jasminreis

Zutaten für 4 Personen

2 Tassen Jasminreis
1 Limette
8 Köpfe Pak Choi
(chinesischer Senfkohl,
erhältlich im Asialaden)
2 EL Butter
Salz, Pfeffer
1 EL Haselnussöl
60 g Ingwer
2 EL Erdnussöl
65 ml Vermouth
3 EL Rosinen
2 rote Zwiebeln
2 Knoblauchzehen
1 Schalotte

1 Den Reis in 4 Tassen Salzwasser mit der abgeriebenen Limettenschale 10 Minuten kochen lassen. Von der Kochstelle nehmen und noch etwas ziehen lassen.

2 Die Pak Choi halbieren und in eine feuerfeste Form geben. Mit Butter belegen und mit Salz und Pfeffer würzen. Mit Haselnussöl beträufeln.

3 Die Form bei 175° C in den vorgeheizten Backofen geben und garen, bis der Pak Choi weich und goldbraun ist.

4 In der Zwischenzeit den Ingwer reiben. Mit Erdnussöl, Vermouth, Rosinen, Salz, Pfeffer, den geschälten und gehackten Zwiebeln, Knoblauchzehen und der Schalotte vermengen.

5 Die Pak Choi aus dem Backofen nehmen und auf Tellern anrichten. Mit der Vinaigrette beträufeln und mit dem Reis servieren.

Tipp Blanchieren Sie die Pak Choi vor dem Braten kurz in siedendem Wasser, schrecken Sie sie dann kalt ab und lassen Sie sie gut abtropfen.

86

Warm

»Maccaroni and Cheese de luxe« mit Ingwerkruste

Zutaten für 4 Personen

300 g Makkaroni
2 EL Butter
1 EL Mehl
500 ml Milch
100 g Parmesan
100 g Mozzarella
50 g Cheddar
1 Ei
Salz, Pfeffer
3 EL Butter
70 g rosa Ingwer
4 EL Semmelbrösel

1 Die Makkaroni sehr bissfest kochen.

2 Die Butter in einem Topf schmelzen. Mehl dazugeben und mit Milch ablöschen.

3 Aufkochen lassen und die geriebenen Käsesorten dazugeben.

4 Das Ei einrühren, mit Salz und Pfeffer würzen und die Makkaroni unterheben.

5 In eine feuerfeste Form füllen und im vorgeheizten Backofen bei 170 °C etwa 30 bis 35 Minuten backen.

6 Inzwischen die restliche Butter schmelzen lassen. Den Ingwer fein hacken und mit den Bröseln unter die Butter mengen.

7 Die Masse auf dem Auflauf verteilen und knusprig backen.

8 Aus dem Backofen nehmen und heiß servieren.

Tipp Dazu passt ein gemischter Blattsalat.

89 Warm

In Balsamico geschmorter Oktopus mit Ingwerkarotten

Zutaten für 4 Personen

600 g Baby-Oktopus
1 EL Olivenöl
1 weiße Zwiebel
1 Karotte
3 weiße Pfefferkörner
1 Lorbeerblatt
125 ml Rotwein
125 ml Balsamico
500 g Karotten
2 EL Butter
1 TL Zucker
70 g Ingwer
1 Limette
2 EL Basilikum, gehackt
Salz, Pfeffer

1 Den Oktopus putzen, waschen und gut abtropfen lassen.

2 In einem Topf mit Olivenöl die geschälte und in kleine Würfel geschnittene Zwiebel und die Karotte anschwitzen.

3 Die Pfefferkörner und den Lorbeer dazugeben. Mit Rotwein und Balsamico ablöschen.

4 Den Oktopus einlegen und mit Wasser auffüllen, bis alles bedeckt ist.

5 Den Oktopus im geschlossenen Topf etwa 45 bis 50 Minuten schmoren.

6 Den Fond durch ein Sieb gießen und einkochen lassen, bis er eine honigartige Konsistenz hat.

7 Die Karotten schälen und in 2 cm dicke Scheiben schneiden.

8 In einer Pfanne mit Butter und Zucker anschwitzen, bis sie Farbe annehmen.

9 Den Ingwer in kleine Würfel schneiden und dazugeben. Mit Wasser ablöschen und so lange kochen lassen, bis das Wasser verkocht ist.

10 Den Oktopus nach Belieben in mundgerechte Stücke schneiden und in der Balsamicosauce erwärmen.

11 Die Karotten mit dem Saft der Limette, Salz und Basilikum abschmecken und mit dem Oktopus servieren.

Schulterscherzel
in Veltliner-Ingwer gekocht
mit Mangold-Kartoffel-Schmarrn

Zutaten für 4 Personen

1 l grüner Veltliner
120 g Ingwer
1 Lorbeerblatt
3 Pfefferkörner
1 Selleriestange
2 Karotten
1,2 kg Rinderschulter
(Schulterscherzel)
Salz
1 rote Zwiebel
3 EL Butter
300 g Mangold
6 festkochende
Kartoffeln
Salz, Pfeffer
Muskat

1 Den Wein mit 2 l Wasser, dem in Scheiben geschnittenen Ingwer, Lorbeerblättern, Pfefferkörnern und dem in Würfel geschnittenen Gemüse zum Kochen bringen.

2 Die gewaschene Rinderschulter dazugeben. Nochmals aufkochen lassen, dabei den Schaum abschöpfen. Bei mäßiger Hitze kochen lassen, bis das Fleisch weich ist.

3 Erst jetzt salzen und das Gemüse aus der Suppe nehmen.

4 Die Zwiebel schälen, würfelig schneiden und in einer Pfanne mit Butter anschwitzen.

5 Die Mangoldstiele in feine Streifen schneiden, den restlichen Mangold grob zerkleinern.

6 Die gekochten Kartoffeln mit einer Gabel zerkleinern und zu den Zwiebeln geben.

7 Wenn sie Farbe angenommen haben, die Mangoldstiele und den restlichen Mangold dazugeben und kurz mitrösten.

8 Mit Salz, Pfeffer und Muskat würzen.

9 Das Fleisch aus dem Sud nehmen, in Scheiben schneiden und mit dem Schmarrn servieren.

93
Warm

Rote-Linsen-Ingwer-Suppe mit Minzjoghurt

Zutaten für 4 Personen

1 rote Zwiebel
100 g Ingwer
1 EL Olivenöl
200 g rote Linsen
1 l Gemüsefond
Salz, Pfeffer
1 EL Weißweinessig
2 EL Crème fraîche
200 g Joghurt
2 EL Minze, gehackt

1 Zwiebel und Ingwer schälen und in kleine Würfel schneiden.

2 In einem Topf mit Olivenöl anschwitzen.

3 Die Linsen dazugeben und mit dem Fond ablöschen.

4 So lange kochen, bis die Linsen aufplatzen und weich sind.

5 Mit Salz, Pfeffer und Weißweinessig würzen.

6 Die Crème fraîche dazugeben und kräftig verrühren.

7 Den Joghurt mit der Minze vermengen.

8 Die Suppe in Teller geben und mit dem Joghurt servieren.

Ziegenkäse-Ingwer-Auflauf
mit Saubohnen-Granatapfel-Salat

Zutaten für 4 Personen

250 g Speisequark
200 g Ziegenfrischkäse
4 Eier
2 EL Speisestärke
3 EL Semmelbrösel
100 g Ingwer
Pfeffer, Salz
1 EL Mehl
150 g Saubohnen, geputzt
2 EL Olivenöl
1 EL Weißweinessig
1 EL Butter
1 Apfel (Granny Smith)
1 Granatapfel
1 Handvoll Rucola

1 Den Quark mit dem Ziegenfrischkäse glatt rühren.

2 Eigelb, Speisestärke, Brösel, geriebenen Ingwer und Pfeffer untermischen.

3 Eiweiß mit Salz zu festem Schnee schlagen.

4 Den Schnee mit dem Mehl unter die Masse heben.

5 Die Masse in eine feuerfeste Form streichen und im vorgeheizten Backofen bei 170 °C etwa 25 bis 30 Minuten backen.

6 In der Zwischenzeit die Saubohnen in einem Gemisch aus Olivenöl, Essig und Butter erwärmen.

7 Mit Salz und Pfeffer würzen und den in kleine Würfel geschnittenen Apfel dazugeben.

8 Den Granatapfel halbieren und die Kerne herauslösen.

9 Den Auflauf aus der Form nehmen und auf Tellern anrichten.

10 In den Saubohnensud den Rucola und die Granatapfelkerne geben und mit dem Auflauf servieren.

Artischocken in Ingwer und weißem Balsamico gekocht mit Petersilienmayonnaise

Zutaten für 4 Personen

500 ml Weißwein
150 g Ingwer
125 ml weißer Balsamico
5 Pfefferkörner
5 Wacholderbeeren
Salz
8 große Artischocken
1 Ei
250 ml Olivenöl
1 TL Senf
1 Zitrone
1 EL Crème fraîche
3 EL gehackte Petersilie

1 Den Weißwein mit dem in Scheiben geschnittenen Ingwer, Balsamico, 1 l Wasser, Pfefferkörnern, Wacholderbeeren und Salz aufkochen.

2 Die Artischocken zuputzen (den Stiel abschneiden und zwei Drittel des Oberteils entfernen) und in dem Sud weich kochen.

3 Das Ei mit Olivenöl, Senf, Salz und dem Saft der Zitrone mit einem Stabmixer langsam aufmixen.

4 Die feste Mayonnaise mit Crème fraîche und Petersilie vermengen.

5 Die Artischocken aus dem Sud nehmen, halbieren und die feinen Innenhärchen auskratzen.

6 Nochmals halbieren und heiß mit der Mayonnaise servieren.

Flammküchle vom Prosciutto mit Ingwer-Crème-fraîche

Zutaten für 4 Personen

400 g glattes Mehl
125 ml Wasser
1 EL Olivenöl
Salz
200 g Crème fraîche
100 g Ingwer
200 g Parmesan
2 Frühlingszwiebeln
200 g roher Schinken (Prosciutto), dünn geschnitten

1 Aus Mehl, lauwarmem Wasser, Olivenöl und Salz einen geschmeidigen Teig kneten.

2 Den Teig 10 Minuten ruhen lassen.

3 Die Crème fraîche mit dem fein gehackten Ingwer und etwas Salz vermengen.

4 Den Teig auf die Größe eines Backblechs ausrollen und mit zwei Dritteln der Crème fraîche bestreichen.

5 Den Parmesan reiben und gleichmäßig darauf verteilen.

6 Das Blech bei 250 °C in den vorgeheizten Backofen geben.

7 Die Frühlingszwiebeln fein hacken.

8 Wenn der Teig knusprig ist, aus dem Backofen nehmen, mit Frühlingszwiebeln bestreuen, mit dem Prosciutto belegen und servieren.

99 Warm

Sauer

Gefrorener Schaum vom Reisweinessig mit Ingwer-Saiblings-Maki

Zutaten für 4 Personen

2 Blatt Gelatine
125 ml Reisweinessig
2 Eiweiß
1 TL Salz
250 ml Sahne
1 Tasse Sushireis
100 g Ingwer
400 g Saiblingsfilet
4 Noriblätter (Algen, erhältlich im Asialaden)

1 Die Gelatineblätter in kaltem Wasser etwa 5 Minuten einweichen.

2 Die Gelatine ausdrücken und in 2 EL Reisweinessig erwärmen, dann mit dem restlichen Essig vermengen.

3 Das Eiweiß mit Salz zu einem festen Schnee schlagen.

4 Die Sahne aufschlagen und unter den etwas abgekühlten, aber noch nicht gelierenden Essig rühren. Den Eischnee unterheben.

5 Die Masse in eine Form geben und im Tiefkühler mindestens 1 Stunde gefrieren.

6 Den Sushireis laut Packungsangabe zubereiten.

7 Noch warm mit etwas Salz, 2 EL Reisweinessig und geriebenem Ingwer vermischen.

8 Die Saiblingsfilets enthäuten und entgräten.

9 Die Saiblingsfilets mit einem sehr scharfen Messer in dünne Scheiben schneiden.

10 Die Noriblätter auflegen, mit Reis bestreichen und mit den Saiblingsfiletscheiben belegen.

11 Fest zusammenrollen.

12 In gleich große Rollen schneiden.

13 Den Schaum aus dem Kühlfach nehmen, mit dem Eislöffel portionieren und mit den Rollen servieren.

In Ingwerbutter gebratener Hummer mit Cocktailschaum

Zutaten für 4 Personen

2 kleine Hummer à 500 g
Kümmel
Dill
250 ml Weißwein
2 EL Tomatenmark
250 ml Sahne
30 ml Cognac
1 EL Ketchup
Salz, Pfeffer
150 g Butter
100 g Ingwer
1 Zitrone
Dill

1 Die Hummer in kochendem Salzwasser mit Kümmel und Dill 10 Minuten blanchieren.

2 Aus dem Fond nehmen und in Eiswasser abschrecken.

3 Den Fond durch ein Sieb gießen und 500 ml abmessen.

4 Den Weißwein in einem Topf auf die Hälfte der Menge einkochen lassen.

5 Das Tomatenmark dazugeben und mit 500 ml Hummerfond und Sahne aufgießen.

6 5 Minuten kochen lassen. Cognac, Ketchup, Pfeffer und Salz dazugeben und aufmixen. Warm stellen.

7 Die Hummer ausbrechen und zerteilen.

8 Die Butter mit dem fein gehackten Ingwer erwärmen.

9 Den Hummer einlegen, mit Salz würzen und 4 Minuten rundherum braten.

10 Den Hummer auf Tellern anrichten und mit der aufgeschäumten Sauce servieren. Mit einigen Dillzweigen und Zitronenscheiben garnieren.

Jakobsmuschel »knusprig« in Ingwer-Filoteig mit Orangen-Paprika-Gemüse

Zutaten für 4 Personen

100 g Butter
1 TL Meersalz
1 TL schwarzer Sesam
1 TL Ingwerpulver
1 Packung Filoteig
(erhältlich im
griechischen
Feinkostladen)
12 Jakobsmuscheln
2 rote Paprika
1 EL Olivenöl
1 Frühlingszwiebel
1 Orange
2 EL Butter
1 EL Zitronenthymian

1   Die Butter schmelzen. Mit Salz, Sesam und Ingwerpulver vermischen.

2   Den Filoteig mit dem Buttergemisch einstreichen.

3   Die Jakobsmuscheln auf den Teig legen und den Teig mehrmals um die Muscheln wickeln, sodass mehrere Schichten entstehen.

4   Die entstandenen Packungen auf ein Backblech mit Backpapier legen und im vorgeheizten Backofen bei 180 °C etwa 15 Minuten knusprig backen.

5   Die Paprika in 4 cm große Stücke schneiden. In einer Pfanne mit Olivenöl anbraten.

6   Die Frühlingszwiebel in 2 cm große Stücke schneiden und dazugeben.

7   Die Orange auspressen. Mit dem Saft die Paprika ablöschen, die Butter hinzufügen und mit Salz würzen.

8   Die Jakobsmuscheln mit dem Paprikagemüse und dem Zitronenthymian servieren.

Wassermelonenperlen in Zitronen-Koriander-Sud mit Ingwer und Steingarnelen

Zutaten für 4 Personen

300 g Wassermelone
250 ml Weißwein
1 Zitrone
Salz
2 EL Koriander, gehackt
1 EL Korianderkörner
12 Steingarnelen
2 EL Olivenöl
70 g rosa Ingwer

1 Die Wassermelone mit einem Kugelausstecher zu kleinen Kugeln verarbeiten.

2 Den Weißwein mit der gehackten Schale und dem Saft der Zitrone erwärmen.

3 Mit Salz, gehacktem Koriander und den Körnern würzen.

4 Die Melonenkugeln einlegen und den Topf von der Kochstelle nehmen.

5 Die Steingarnelen mit Salz würzen und in einer Pfanne mit Olivenöl 5 Minuten scharf anbraten.

6 Die Garnelen in tiefen Tellern anrichten und mit dem Sud, den Melonenperlen und dem rosa Ingwer servieren.

Mit Räucherlachs und Ingwer gefüllte Zitronengurken

1. Die Gurken längs halbieren. In einem Topf mit Salzwasser und Zitronensaft kurz blanchieren.

2. In Eiswasser abschrecken und im Sud erkalten lassen.

3. Die Gurken mit einem Löffel entkernen.

4. Den Hüttenkäse mit Schnittlauch, Salz, Pfeffer und dem gehackten Ingwer mischen.

5. Die Hälfte des Rächerlachses fein hacken und ebenfalls dazugeben.

6. Die Gurken damit füllen.

7. Mit dem restlichen Räucherlachs belegen.

8. Im vorgeheizten Backofen bei 195 °C kurz anwärmen.

9. In mundgerechte Stücke schneiden und servieren.

107
Sauer

Geeiste Grapefruit-Kokos-Kaltschale mit Ingwer-Garnelen

Zutaten für 4 Personen

2 Grapefruits
1 Chilischote
250 ml Kokosmilch
500 ml Gemüsefond
Salz, Pfeffer
3 EL Crème fraîche
50 g Ingwer
1 TL Honig
etwas Meersalz
400 g Riesengarnelen, geputzt
1 EL Olivenöl

1 Die Grapefruits auspressen und den Saft beiseitestellen.

2 Die Chilischote hacken. Mit Grapefruitsaft, Kokosmilch und Gemüsefond aufkochen.

3 Mit Salz und Pfeffer würzen und mit der Crème fraîche aufmixen. Kalt stellen.

4 Den Ingwer fein hacken und mit Honig und Meersalz vermischen.

5 Die Riesengarnelen darin marinieren und 15 Minuten ziehen lassen.

6 Die Riesengarnelen in 1 EL Olivenöl scharf anbraten und in der gekühlten Suppe servieren.

Auster mit Curry gratiniert und Ingwer-Champagner-Dressing

Zutaten für 4 Personen

16 Austern
3 EL Butter
1 EL Curry
1 EL Koriander, gehackt
Salz
1 EL Semmelbrösel
2 Schalotten
1 EL Olivenöl
50 g Ingwer
1 TL Limettensaft
125 ml Champagner
etwas Cayennepfeffer

1 Die Austern auslösen und den Saft durch ein Sieb gießen.

2 Die Austern wieder zurück in die Schalen legen.

3 Die Butter mit Curry und gehacktem Koriander anschwitzen.

4 Mit Salz würzen und auf den Austern verteilen, mit Semmelbröseln bestreuen.

5 Die Schalotten schälen und fein hacken.

6 In Olivenöl anschwitzen.

7 Den Ingwer fein hacken und dazugeben.

8 Mit Limettensaft ablöschen und mit Champagner aufgießen.

9 Mit Cayennepfeffer würzen.

10 Die Austern im Backofen bei 250 °C Oberhitze gratinieren und mit dem Dressing servieren.

Wok von Brokkoli, Ingwer und Red Snapper

Zutaten für 4 Personen

500 g Red Snapper
2 Frühlingszwiebeln
200 g Brokkoli
60 g Ingwer
2 EL Maiskeimöl
250 ml Gemüsefond
2 EL Sojasauce
Salz, Pfeffer
1 Limette
2 EL Koriander, gehackt

1 Das Fischfilet in fingerdicke Streifen schneiden und mit Salz würzen.

2 Die Frühlingszwiebeln in Streifen schneiden.

3 Den Brokkoli in Scheiben schneiden. Den Ingwer fein hacken.

4 In einem Wok das Maiskeimöl heiß werden lassen.

5 Den Brokkoli anbraten, den Fisch dazugeben und gut durchrösten.

6 Zwiebeln und Ingwer dazugeben, mit Gemüsefond und Sojasauce ablöschen und 2 Minuten kochen lassen.

7 Mit Salz, Pfeffer und Limettensaft würzen und mit Koriander servieren.

Ingwer-Mandel-Calamari mit Portulak

Zutaten für 4 Personen

500 g Calamari
1 Ei
Salz, Pfeffer
2 EL Maisgrieß (Polenta)
_ Zitrone
1 TL Ingwerpulver
50 g Mandeln, gerieben
1 l Erdnussöl
1 EL Mandelöl
1 EL Weißweinessig
150 g Portulak

1   Die Calamari in breite Streifen schneiden.

2   Das Ei verquirlen.

3   Die Calamari mit Salz, Pfeffer, Polenta, Zitronensaft, Ingwerpulver und Mandeln vermengen.

4   Das Ei untermischen. Es sollte sich dabei ein dünner Gewürzfilm bilden.

5   Das Erdnussöl erhitzen und die Calamari darin frittieren. Auf einem Küchenpapier abtropfen lassen.

6   Aus Salz, Pfeffer, Mandelöl und Weißweinessig eine Marinade herstellen. Den gewaschenen Portulak darin marinieren.

7   Den Portulak mit den Calamari servieren.

Stockfischkroketten mit Ingwerfüllung und Sherrysauce

Zutaten für 4 Personen

300 g Stockfisch
100 g Ingwer
300 g Kartoffeln, gekocht
1 Ei
3 EL Mehl
2 EL Grieß
100 g Parmesan
3 Eier
200 g Mandeln, gerieben
Öl zum Frittieren
250 ml Sherry
125 ml Sahne
2 Schalotten
Salz, Pfeffer
2 EL Butter

1 Den Stockfisch 2 Tage in Wasser einlegen. Dabei immer wieder das Wasser wechseln.

2 Den Stockfisch von Haut und Gräten befreien.

3 Mit dem Ingwer fein hacken.

4 Die Kartoffeln passieren und mit der Stockfisch-Ingwer-Masse vermengen.

5 Ei, Mehl, Grieß und Parmesan untermischen und aus der Masse kleine Kroketten formen.

6 Die Kroketten durch die verquirlten Eier ziehen, in Mandeln wälzen und schwimmend im heißen Öl herausbacken. Warm stellen.

7 Den Sherry mit Sahne und den gehackten Schalotten aufkochen.

8 Mit Salz und Pfeffer würzen und mit der Butter aufmixen.

9 Die Kroketten mit der Sauce servieren.

Riesling-Fenchel-Suppe
mit Ingwer-Crostini

Zutaten für 4 Personen

1 weiße Zwiebel
300 g Fenchel
2 EL Olivenöl
500 ml Riesling
1 l Gemüsefond
250 ml Sahne
1 Kartoffel
Salz, Pfeffer
2 EL Butter
50 g Ingwer
1 EL Petersilie, gehackt
4 Scheiben Ciabatta

1 Die Zwiebel schälen und in kleine Würfel schneiden. Den Fenchel klein schneiden. Beides in einem Topf mit Olivenöl anbraten.

2 Mit Riesling ablöschen und mit Gemüsefond aufgießen.

3 Die Sahne dazugeben. Die Kartoffel in kleine Würfel schneiden und hinzufügen.

4 So lange kochen, bis der Fenchel weich ist. Mit Salz und Pfeffer würzen und aufmixen.

5 Die Butter mit Salz, geriebenem Ingwer und Petersilie vermischen.

6 Auf die Brotscheiben streichen und im Backofen kurz gratinieren.

7 Mit der aufgeschäumten Suppe servieren.

Karpfen in Ingwer und Spekulatius gebraten mit Speck-Essig-Sauce

Zutaten für 4 Personen

4 Karpfenfilets à 140 g
100 g Ingwer
Salz, Pfeffer
2 EL Butter
2 EL Mandelöl
100 g Spekulatius
200 g Frühstücksspeck
1 kleine rote Zwiebel
1 Knoblauchzehe
125 ml Weißwein
3 EL Sherryessig
1 EL Butter
2 EL Petersilie, gehackt

1 Die Karpfenfilets am Vortag mit einem scharfen Messer auf der Fleischseite einschneiden (Gräten zerschneiden) und über Nacht kühlen.

2 Den Ingwer in feine Scheiben schneiden.

3 Die Filets mit Salz und Pfeffer würzen. In einer Pfanne mit Butter und Mandelöl auf der Hautseite scharf anbraten.

4 Die Filets aus der Pfanne nehmen. Die Ingwerscheiben in die Pfanne geben und kurz anbraten.

5 Die Spekulatiuskekse in grobe Stücke brechen. Die Fischfilets zurück in die Pfanne geben und mit den Keksstücken belegen.

6 Die Pfanne bei 150 °C in den vorgeheizten Backofen stellen und 10 bis 12 Minuten garen.

7 In der Zwischenzeit den Speck und die geschälte Zwiebel in einer Pfanne anrösten.

8 Die geschälte Knoblauchzehe dazugeben und mit Weißwein ablöschen. Essig, Butter und Petersilie dazugeben. Salzen und pfeffern.

9 Den Fisch aus dem Backofen nehmen und mit der Sauce servieren.

Tipp Dazu passen gebratene Kartoffelscheiben.

Mit rosa Ingwer lackiertes Jungschweinefilet mit Grapefruit-Bärlauch-Gröstl

Zutaten für 4 Personen

800 g Schweinefilet
2 EL Olivenöl
120 g rosa Ingwer
2 EL Honig
1 EL Meersalz
1 EL Pfeffer, geschrotet
1 rote Zwiebel
2 EL Butter
300 g Kartoffeln, gekocht
1 Grapefruit
Salz, Pfeffer
100 g Bärlauch

1. Die Schweinefilets in einer Pfanne mit Olivenöl scharf anbraten.

2. Im vorgeheizten Backofen bei 120 °C auf das Gitter legen und ein Blech darunterschieben.

3. Den Ingwer fein hacken. Mit Honig, Meersalz und Pfeffer vermischen.

4. Mit einem Pinsel die Marinade auf die Filets streichen.

5. Die Zwiebel schälen und in grobe Würfel schneiden. In der Butter anschwitzen.

6. Die Kartoffeln in Scheiben schneiden und mitrösten.

7. Die Grapefruit filetieren und dazugeben.

8. Mit Salz und Pfeffer würzen und den fein geschnittenen Bärlauch beigeben.

9. Nach 25 Minuten Garzeit die Filets aus dem Backofen nehmen und aufschneiden. Mit dem Gröstl servieren.

Honigschinken-Gouda-Reis aus dem Backofen mit Ingwerkruste

Zutaten für 4 Personen

2 Tassen Reis
1 rote Zwiebel
2 EL Olivenöl
500 g Honigschinken
300 g Gouda
Salz, Pfeffer
200 g Crème fraîche
120 g Ingwer
1 Ei
100 g Semmelbrösel
2 EL Petersilie, gehackt

1 Den Reis laut Packungsangabe zubereiten.

2 Die Zwiebel schälen, in kleine Würfel schneiden und in einer Pfanne mit Olivenöl anbraten.

3 Den Schinken in kleine Würfel schneiden und mitbraten.

4 Den Reis untermengen und in eine feuerfeste Form geben.

5 Den Gouda in kleine Würfel schneiden und gut unterrühren. Evtl. mit Salz und Pfeffer würzen.

6 Den Reis bei 185 °C in den vorgeheizten Backofen geben.

7 Die Crème fraîche mit gehacktem Ingwer, Ei und Bröseln vermischen.

8 Mit Salz und Petersilie würzen.

9 Wenn der Reis oben knusprig ist, mit der Kruste bestreichen und nochmals 10 Minuten gratinieren.

10 Mit frischer Petersilie garniert servieren.

Gelierte Misosuppe mit Ingwerlachs

Zutaten für 4 Personen

3 EL Sojasauce
1 EL Misopaste
20 g Algen
30 g Tofu, geräuchert
1 EL Sesamöl
4 Blatt Gelatine
50 Sojasprossen
100 g Ingwer
250 ml Reiswein
1 Zitrone
1 EL Meersalz
1 EL Zucker
300 g Lachsfilet
3 EL Koriander, gehackt

1   1 l Wasser mit Sojasauce, Misopaste und den klein geschnittenen Algen aufkochen.

2   Den geräucherten Tofu in kleine Würfel schneiden und in Sesamöl knusprig braten. In die Suppe geben.

3   Die Gelatine in kaltem Wasser einweichen. Nach 2 Minuten ausdrücken, leicht erwärmen und unter die Misosuppe rühren.

4   Die Sojasprossen dazugeben und in 4 Gläser aufteilen. Kühlen.

5   Den Ingwer reiben. Mit Reiswein, Zitronensaft, Meersalz und Zucker aufkochen.

6   Das Lachsfilet damit übergießen und mit gehacktem Koriander bestreuen. Kühlen.

7   Das Fischfilet in dünne Scheiben schneiden und mit der gelierten Suppe servieren.

Grapefruit-Ingwer-Salat mit rosa Rinderfilet

Zutaten für 4 Personen

500 g Rinderfilet
Salz, Pfeffer
2 EL Olivenöl
2 Grapefruits
100 g rosa Ingwer
100 g grüner Salat
3 EL Mandelöl
2 EL Schnittlauchröllchen

1 Das Rinderfilet mit Salz und Pfeffer würzen und in einer Pfanne mit Olivenöl beidseitig scharf anbraten.

2 Im vorgeheizten Backofen bei 100 °C etwa 6 Minuten ziehen lassen.

3 Die Grapefruits filetieren und in eine Schüssel geben.

4 Mit Salz und Pfeffer würzen.

5 Den Ingwer fein hacken und zusammen mit dem in Streifen geschnittenen Salat untermischen.

6 Das Mandelöl und den Schnittlauch dazugeben und etwa 5 Minuten marinieren lassen.

7 Das Rinderfilet aufschneiden und mit dem Salat servieren.

Steaktoast »Hawaii« mit Ingwer-Ananas

Zutaten für 4 Personen

70 g Ingwer
1 Chilischote
1 EL Honig
4 Ananasscheiben
500 g Rinder- oder Schweinefilet
Salz, Pfeffer
1 TL Senf
2 EL Olivenöl
4 Toastscheiben
1 EL Mayonnaise
4 Salatblätter

1 Den Ingwer und die Chilischote hacken und mit dem Honig erwärmen.

2 Die Ananasscheiben darin erwärmen. Kalt stellen.

3 Das Fleisch mit Salz, Pfeffer und Senf würzen.

4 In einer Pfanne mit Olivenöl nach Belieben braten.

5 Kurz rasten lassen und aufschneiden.

6 Das Toastbrot toasten, mit Mayonnaise bestreichen und mit Salatblättern belegen.

7 Ananasscheiben und Fleisch daraufgeben und nach Belieben salzen.

Sauer

Chicken Wings Thai-Art mit Ingwer-Crostini

Zutaten für 4 Personen

3 EL Erdnussöl
2 TL grüne Currypaste
1 Chilischote
1 TL Korianderkörner
Salz
800 g Chicken Wings
2 Knoblauchzehen
100 g Ingwer
2 EL Butter
12 Scheiben Baguette
3 EL Koriander, gehackt
2 EL Kokosflocken

1 Das Erdnussöl mit der Currypaste, der gehackten Chilischote und den zerstoßenen Korianderkörnern vermischen. Salzen.

2 Die Wings mit dieser Paste marinieren.

3 In eine feuerfeste Form geben und im vorgeheizten Backofen bei 180 °C knusprig braten.

4 Die Knoblauchzehen schälen und pressen. Den Ingwer reiben.

5 Beides in einer Schüssel mit Salz und der weichen Butter vermischen.

6 Die Gewürzbutter auf die Brotscheiben streichen und im Backofen auf einem Blech mit Backpapier kurz mitbacken.

7 Die Wings aus dem Backofen nehmen. Mit gehacktem Koriander und Kokosflocken bestreuen und mit den Crostini servieren.

Putenbraten mit Ingwer-Mandarinen und roten Zwiebeln

Zutaten für 4 Personen

1,5 kg Putenbraten
Salz, Pfeffer
3 EL Olivenöl
2 weiße Zwiebeln
3 Knoblauchzehen
250 ml Weißwein
2 Lorbeerblätter
3 EL Butter
10 Mandarinen
2 rote Zwiebeln
2 EL Butter
2 EL Mandelöl
100 g Ingwer
125 ml Orangensaft

1 Den Putenbraten mit Salz und Pfeffer würzen und mit Olivenöl in einen Bräter geben.

2 Die weißen Zwiebeln und den Knoblauch schälen und in grobe Würfel schneiden.

3 Weißwein, Lorbeerblätter und Butter dazugeben und im vorgeheizten Backofen bei 195 °C etwa 50 Minuten braten. Dabei immer wieder mit Bratensaft übergießen.

4 In der Zwischenzeit die Mandarinen schälen und in Spalten teilen.

5 Die in feine Scheiben geschnittenen roten Zwiebeln in Butter und Mandelöl anbraten.

6 Den gehackten Ingwer dazugeben und mit Orangensaft ablöschen. Einkochen lassen.

7 Die Mandarinenspalten dazugeben und von der Kochstelle nehmen.

8 Den Braten aus dem Backofen nehmen und in Scheiben schneiden.

9 Mit Bratensaft und Mandarinen servieren.

Tipp Dazu passt Reis.

126 Sauer

Hirschfilet mit Rotweinessig-Ingwer-Kraut und Krapfen

Zutaten für 4 Personen

400 g Kartoffeln, gekocht
100 g Butter
1 Ei
100 g Mehl
1 Päckchen Trockenhefe
Salz, Pfeffer
400 g Weißkraut
1 Zwiebel
1 EL Butter
2 EL brauner Zucker
125 ml Rotweinessig
100 g Ingwer
700 g Hirschfilet
5 Wacholderkörner, geschrotet
2 EL Olivenöl
Öl zum Frittieren

1 Die Kartoffeln passieren.

2 Die Butter schmelzen und mit Ei, Mehl und Hefe vermischen. Mit Salz und Pfeffer würzen.

3 Die kartoffelmasse mit der Hefemischung glatt rühren und an einem warmen Ort 20 Minuten ziehen lassen.

4 Das Kraut und die Zwiebel in feine Streifen schneiden.

5 Die Butter in einem Topf schmelzen und den Zucker darin karamellisieren.

6 Die Zwiebel und das Kraut dazugeben und mit Rotweinessig ablöschen.

7 Den Ingwer reiben und untermischen. Mit Salz würzen und weich dünsten.

8 Das Hirschfilet mit Salz, Pfeffer und Wacholder würzen und in einer Pfanne mit Olivenöl beidseitig scharf anbraten.

9 Im vorgeheizten Backofen bei 100 °C etwa 20 Minuten ziehen lassen.

10 Von der Kartoffelmasse mit einem Löffel Bällchen abstechen, in heißes Öl geben und die Krapfen knusprig backen.

11 Das Kraut mit dem in Scheiben geschnittenen Hirschfilet und den Krapfen servieren.

Sauer

Poulet de Bresse aus dem Römertopf mit Ingwer-Zitronen

Zutaten für 4 Personen

1 Poulet de Bresse
Meersalz
100 g Ingwer
200 g kleine Kartoffeln
2 Zitronen (unbehandelt)
250 g kleine Karotten
2 weiße Zwiebeln
1 Knoblauchzehe, geschält
10 weiße Pfefferkörner
2 EL Olivenöl
250 ml Weißwein
20 g Petersilie
3 EL Butter

1   Das Poulet waschen und mit Meersalz einreiben.

2   Den Ingwer grob schneiden, die Kartoffeln waschen.

3   Die Zitronen in grobe Spalten schneiden.

4   Die Karotten schälen und in 3 cm dicke Stücke schneiden.

5   Die Zwiebeln schälen und in 1 cm dicke Spalten schneiden.

6   Alle Zutaten in einen vorher gewässerten Römertopf geben.

7   In den kalten Backofen stellen und bei 190 °C ca. 2 Stunden garen.

8   Nach 2 Stunden aus dem Backofen nehmen. Das Huhn zerteilen und mit dem Gemüse servieren.

Sauer

Kalbsnieren in wildem Majoran und Ingwer gebraten mit Balsamico-Risotto

Zutaten für 4 Personen

1 Zwiebel
1 Tasse Risottoreis
1 EL Walnussöl
125 ml Weißwein
500 ml Gemüsefond
700 g Kalbsnieren, geputzt
Salz, Pfeffer
2 EL Olivenöl
80 g Ingwer
2 EL wilder Majoran
2 EL alter Balsamico
100 g Parmesan, gerieben
3 EL Butter

1 Die Zwiebel schälen und in kleine Würfel schneiden.

2 Den Risottoreis in Walnussöl anbraten. Die Zwiebel dazugeben und kurz mitrösten.

3 Mit Weißwein ablöschen und unter stetigem Rühren etwa 20 Minuten köcheln lassen. Dabei immer wieder Gemüsefond nachgießen.

4 Die Nieren mit Salz und Pfeffer würzen und in einer Pfanne mit Olivenöl anbraten.

5 Ingwer und Majoran fein hacken und dazugeben. Weitere 6 Minuten braten.

6 Den Risotto mit Balsamico, Parmesan und Butter vollenden und nach Belieben mit Salz und Pfeffer würzen.

7 Den Risotto mit den Nieren und dem entstandenen Bratensaft servieren.

Kalbskotelett mit Limetten-Ingwer-Kruste und Duftreis

Zutaten für 4 Personen

4 Kalbskoteletts
à ca. 170 g
Salz, Pfeffer
2 EL Olivenöl
4 EL Butter
50 g Ingwer
1 Limette
2 EL Semmelbrösel
1 Tasse Duftreis
3 Karotten
2 EL Butter
2 EL Koriander, gehackt

1   Das Fleisch mit Salz und Pfeffer würzen.

2   In einer Pfanne mit Olivenöl beidseitig anbraten. Herausnehmen und auf ein Backblech legen.

3   Die lauwarme Butter mit geriebenem Ingwer, Limettensaft, Salz und den Bröseln zu einer Paste rühren.

4   Die Koteletts mit der Paste bestreichen und im vorgeheizten Backofen bei 200 °C Oberhitze 10 Minuten gratinieren.

5   In der Zwischenzeit den Reis laut Packungsangabe zubereiten.

6   Die Karotten schälen und mit einer Küchenmaschine in feine Streifen hobeln.

7   Die Streifen in der Fleischpfanne mit Butter und Koriander anschwitzen. Den Reis untermengen und mit Salz würzen.

8   Die Koteletts mit dem Reis servieren.

131

Sauer

Spareribs vom Kalb mit Ingwer und sauren Nudeln

Zutaten für 4 Personen

1 Chilischote
100 g Ingwer
3 EL Sojasauce
1 EL rosa Pfeffer
Salz
3 EL Honig
2 kg Spareribs vom Kalb
150 g Eier-Reisnudeln
300 g Erbsenschoten
2 EL Sesamöl
1 EL Sojasauce
4 EL Reisweinessig
2 EL Koriander, gehackt

1 Gehackte Chilischote, fein gehackten Ingwer, Sojasauce, rosa Pfeffer, Salz und Honig zu einer Marinade verrühren.

2 Die Ribs damit einstreichen. In den vorgeheizten Backofen geben und bei 170 °C 1 Stunde knusprig braten.

3 Die Nudeln laut Packungsangabe zubereiten.

4 Die Erbsenschoten in feine Streifen schneiden. In Sesamöl anbraten.

5 Mit Sojasauce ablöschen und die Nudeln untermengen.

6 Mit Reisweinessig, Koriander und evtl. Salz würzen.

7 Die Ribs mit den Nudeln servieren.

Reismehlknödel mit Ingwersirup

Zutaten für 4 Personen

80 g Reismehl
20 g Weizenkleber
1/2 TL Backpulver
3 Eiweiß
70 g Zucker
3 Eigelb
1 Prise Salz
4 EL Wasser
2 Chilischoten
200 g Speisequark
Meersalz
250 ml Wasser
4 EL Reiswein
160 g kandierter Ingwer, gehackt

1 Reismehl, Weizenkleber und Backpulver gut vermischen.

2 Eiweiß steif schlagen, die Hälfte des Zuckers darunterschlagen.

3 Eigelb schaumig aufschlagen. Salz, restlichen Zucker und Wasser darunterschlagen.

4 Nun das steife Eiweiß und die Mehlmischung zum Eigelb geben und alles gründlich unterheben. Nicht heftig rühren, damit der Eischnee nicht zusammenfällt. Hierfür eignet sich am besten ein flacher Kochlöffel mit möglichst breiter Auflage.

5 Wenn alles gut vermengt ist, die Masse auf ein Backblech mit Backpapier streichen und im vorgeheizten Backofen bei 180 °C ca. 40 Minuten backen.

6 Abkühlen lassen und mit den Fingern zu Bröseln reiben.

7 Die Brösel mit den gehackten Chilischoten, Quark und Meersalz vermengen.

8 Kleine Knödel formen.

9 Das Wasser mit dem Reiswein und dem gehackten Ingwer aufkochen und mit Meersalz würzen. Etwa auf die Hälfte reduzieren, kurz vor dem Servieren etwas abkühlen lassen.

10 Die Knödel mit dem Sud servieren.

Süß

Cremiger Schokokuchen mit Ingwer-Pistazien-Erdbeeren

Zutaten für 4 Personen

250 g Butter

250 g Bitterschokolade
(mind. 70 % Kakaogehalt)

2 EL Mehl

3 EL Puderzucker

1 Messerspitze Zimt

1 TL Kaffeepulver

5 Eigelb

300 g Erdbeeren

50 g Ingwer

2 EL Pistazien, gehackt

1 EL Honig

2 EL Zitronensaft

1 Butter und Schokolade in Würfel schneiden und im Wasserbad schmelzen.

2 Mehl, Zucker, Zimt und Kaffeepulver untermengen.

3 Die Eigelb untermischen.

4 In eine Kuchenform gießen und im vorgeheizten Backofen bei 250 °C 12 Minuten backen. Die Masse sollte noch cremig sein.

5 Die Erdbeeren waschen, entstielen und in kleine Würfel schneiden.

6 Den Ingwer reiben und mit den Pistazien, dem Honig und dem Zitronensaft unter die Erdbeeren mischen.

7 Den Kuchen in Stücke schneiden und mit den Erdbeeren servieren.

Schokotraum mit Ingwerbananen

Zutaten für 4 Personen

200 g Bitterschokolade
50 g Milchschokolade
1 Ei
1 Eigelb
500 ml Sahne
3 Bananen
3 EL Butter
50 g Ingwer
2 EL Honig

1 Die Schokolade bei geringer Hitze schmelzen. In die noch heiße Masse rasch das Ei und das Eigelb einrühren.

2 Die Sahne zu zwei Dritteln aufschlagen und unter die Masse heben.

3 Die Creme im Kühlschrank kühlen.

4 Die Bananen schälen und in 3 cm dicke Scheiben schneiden.

5 Die Butter in einer Pfanne schmelzen und den gehackten Ingwer dazugeben.

6 Die Bananen hinzufügen und mit dem Honig karamellisieren.

7 Die Creme aus dem Kühlschrank nehmen und mit den noch warmen Bananen servieren.

Kuchen von dreierlei Schokolade

Zutaten für 16 Stück

300 g Bitterschokolade
150 g Butter
4 große Eier
180 g Staubzucker
20 g Kakao
100 g Mehl (glatt)
4 EL kandierter Ingwer, fein gehackt
150 g weiße Schokolade
150 g Vollmilchschokolade

1 Die Bitterschokolade grob hacken, in eine Schlüssel geben und im Wasserbad langsam schmelzen.

2 Butter in kleine Würfel schneiden, zu der flüssigen Schokolade geben und nicht umrühren, bis die Butter ganz geschmolzen ist. Dann vorsichtig umrühren, bis eine gebundene Masse entsteht.

3 Die Eier mit dem Zucker dickschaumig aufschlagen und die flüssige Schoko-Butter-Masse nach und nach untermengen. Den Kakao mit dem Mehl in eine Schüssel sieben und esslöffelweise unter die Schokomasse ziehen. Den gehackten Ingwer unterheben.

4 Eine Backform (ca. 30 cm x 20 cm) mit Backpapier auslegen. Die Schokomasse gleichmäßig einfüllen.

5 Die weiße Schokolade und die Vollmilchschokolade in etwa 1 cm große Stücke schneiden und gleichmäßig auf den Teig streuen. Den Kuchen im vorgeheizten Backofen bei 170 °C etwa 30 bis 35 Minuten backen. Dann vollständig auskühlen lassen. Damit sich der Kuchen besser schneiden lässt, ihn kurz abkühlen lassen, dann aus der Form heben, mit der Backform abdecken und vollständig auskühlen lassen.

Tipp Der Kuchen schmeckt am besten, wenn man ihn gut zugedeckt über Nacht durchziehen lässt.

Weißes Schokomarmor mit Ingwerorangen

Zutaten für 4 Personen

300 g weiße Schokolade
3 Eiweiß
3 EL Kristallzucker
500 ml Sahne
2 EL Instantkakao
5 Orangen
60 g Ingwer
2 EL Butter
2 EL Honig
20 ml Cointreau

1. Die Schokolade schmelzen.
2. Das Eiweiß mit Kristallzucker zu einem festen Schnee schlagen.
3. Die Sahne zu zwei Dritteln aufschlagen und mit dem Eischnee vermischen.
4. Beides unter die Schokomasse heben.
5. 5 EL der Schokomasse mit dem Kakao verrühren.
6. Die weiße Schokomasse in eine Form gießen. Die dunkle Masse dazugeben und mit einer Gabel langsam verrühren, sodass eine Marmorierung entsteht.
7. Im Tiefkühler mindestens 2 Stunden gefrieren.
8. Die Orangen filetieren.
9. Den Ingwer fein hacken und in Butter anschwitzen. Den Honig dazugeben.
10. Mit Cointreau ablöschen und die Orangenfilets dazugeben. Kalt stellen.
11. Das Parfait aus dem Tiefkühler nehmen und in Scheiben schneiden. Mit den Orangenfilets servieren.

Süß

Kirschen in Ingwer-Tempura mit Schokosauce

Zutaten für 4 Personen

500 ml kaltes
Mineralwasser
3 EL Mehl
1 EL Ingwerpulver
1 EL Speisestärke
1 TL Backpulver
3 EL Zucker
1 Ei
500 ml Milch
200 g Schokolade
Öl zum Frittieren
500 g Kirschen, entkernt

1 Das Wasser mit Mehl, Ingwerpulver, Speisestärke, Backpulver, Zucker und Ei vermischen. Kalt stellen.

2 Die Milch aufkochen und die Schokolade darin auflösen. Aufmixen.

3 Das Öl erhitzen.

4 Die Kirschen in den Tempurateig eintauchen und in das heiße Öl geben.

5 Knusprig frittieren und danach auf einem Küchenpapier abtropfen lassen.

6 Die Schokoladensauce auf Teller geben und mit den Kirschen servieren.

Rosa Ingwer-Eis mit Walnuss-Pancakes und Ahornsirup

Zutaten für 4 Personen

500 ml Sahne
100 g rosa Ingwer, eingelegt
6 Eigelb
100 g Zucker
1 großes Ei
200 g Mehl
50 g Walnüsse, gerieben
1 TL Backpulver
1 Vanillezucker
Salz
Milch nach Bedarf
2 EL Butter
4 EL Ahornsirup

1 Die Sahne aufkochen und mit dem rosa Ingwer aufmixen.

2 Die Eigelbe mit dem Zucker schaumig rühren. Die heiße Sahne darübergießen und rasch verrühren.

3 Die Masse nochmals vorsichtig unter stetigem Rühren erwärmen, bis sie eine honigartige Konsistenz hat.

4 In eine Eismaschine füllen und tiefkühlen.

5 Das Ei trennen. Eigelb, Mehl, Nüsse, Backpulver, Zucker und Salz mit dem elektrischen Mixer verrühren und nach und nach so viel Milch dazugeben, bis eine cremige Masse entsteht. Ausgiebig mixen.

6 Das Eiweiß steif schlagen und unter die Masse heben.

7 Die Butter in die Pfanne geben und bei mittlerer bis stärkerer Hitze die ca. 8 cm großen Pancakes 2 bis 3 Minuten pro Seite goldbraun braten. Heiß mit Eis und Ahornsirup servieren.

Erdbeeren mit Cointreauschaum und Limetten-Ingwer-Sorbet

Zutaten für 4 Personen

3 Limetten
70 g Ingwer
500 ml Ananassaft
50 g brauner Zucker
400 g Erdbeeren
2 Eier
50 g Zucker
40 ml Cointreau
1 Orange

1   Eine Limette schälen. Die Schale und den Ingwer fein hacken.

2   Alle Limetten pressen und den Saft mit Ananassaft, braunem Zucker, Ingwer und Limettenschalen erwärmen, bis der Zucker sich gelöst hat.

3   In eine flache Form geben und in den Tiefkühler stellen. Alle 20 Minuten mit einem Schneebesen umrühren, bis sich eine sorbetartige Masse gebildet hat.

4   Die Erdbeeren waschen und vierteln. Auf Teller verteilen.

5   Die Eier mit Zucker, Cointreau und dem Saft und der abgeriebenen Schale der Orange über Dampf zu einem festen Schaum schlagen.

6   Den Schaum auf die Erdbeeren geben und das Sorbet dazu servieren.

Zwetschgen-Ingwer-Gratin mit geeistem Pistazienrahm

Zutaten für 4 Personen

300 g saure Sahne

3 EL Puderzucker

3 EL Pistazien, gehackt

1 EL Butter

250 g Speisequark (20 % Fett)

2 Eigelb

3 EL Zucker

60 g Ingwer

2 EL Speisestärke

500 g Zwetschgen, entsteint

1 Die saure Sahne mit dem Puderzucker glatt rühren.

2 Die Pistazien in Butter anschwitzen und unter den Rahm rühren. Im Tiefkühler erkalten lassen.

3 Den Quark mit Eigelb und Zucker aufschlagen.

4 Den Ingwer fein reiben und mit der Speisestärke unter die Quarkmasse geben.

5 Die Zwetschgen in Teller geben, mit der Quarkmasse bestreichen und im Backofen bei 250 °C Oberhitze gratinieren.

6 Die Gratins aus dem Backofen nehmen und mit dem geeisten Rahm servieren.

Süß

Zitronenmelisse-Melange mit Ingwer-Ananas

Zutaten für 4 Personen

250 ml Sahne
500 ml Milch
3 EL Holundersirup, weiß
400 g Ananas
50 g Ingwer
3 EL Honig
100 g Zitronenmelisse
1 Limette

1. Sahne und Milch mit dem Sirup aufkochen.

2. Die Ananas schälen und von den braunen Stellen befreien. In feine Scheiben schneiden.

3. Den Ingwer reiben und mit dem Honig vermischen. Die Ananasscheiben damit marinieren, kühlen.

4. Die Melisse fein hacken. Die Limette schälen und den Saft zum Sahne-Milch-Gemisch geben. Die Schale hacken und untermengen.

5. Ein Drittel der Masse in eine Schüssel geben. Die restliche Masse mit der Melisse aufmixen und in Gläser füllen. Jetzt das andere Drittel aufmixen und den weißen Schaum auf den grünen setzen. Mit Ananas servieren.

Mandarinen-Tarte mit Granatapfel-Ingwer-Shot

10 Mandarinen
1 Packung Blätterteig
3 EL brauner Zucker
1 Granatapfel
50 g Ingwer
30 ml brauner Rum
500 ml Granatapfelsaft
Minze zum Garnieren

1 Die Mandarinen schälen und in 3 cm dicke Scheiben schneiden.

2 Den Blätterteig auflegen und die Mandarinenscheiben daraufgeben.

3 Mit braunem Zucker bestreuen und im vorgeheizten Backofen bei 220 °C 15 Minuten knusprig backen.

4 Den Granatapfel halbieren und die Kerne auslösen.

5 Den Ingwer fein reiben und mit dem Rum und dem Granatapfelsaft vermischen.

6 Die Kerne untermischen und in kleine Gläser füllen.

7 Die Tarte in Stücke schneiden und mit dem Shot servieren. Mit Minze dekorieren.

Himbeer-Champagner-Ingwer-Terrine

Zutaten für 4 Personen

200 g weiße Schokolade

3 EL Crème fraîche

70 g Ingwer

250 ml Champagner

300 g Hefezopf (Brioche) in Scheiben

400 g Himbeeren

4 EL Honig

1. Die Schokolade schmelzen.

2. Crème fraîche, geriebenen Ingwer und Champagner unter die Schokolade rühren.

3. In eine mit Klarsichtfolie ausgelegte Form eine Schicht Briochescheiben einlegen.

4. So viel Schokolade darübergießen, bis die Brioche bedeckt ist.

5. Die Himbeeren mit dem Honig vermengen und daraufgeben.

6. Wiederholen, bis alles aufgebraucht ist.

7. Mindestens 1 Stunde kühlen.

8. In Scheiben schneiden. Gekühlt servieren.

Apfelstrudel mit Ingwer-Vanille-Sauce

Zutaten für 4 Personen

4 Äpfel (Elstar)
1 TL Zimt
1 Zitrone
50 g Hefezopf (Brioche), gerieben
1 EL Rum
2 EL Butter
1 Eigelb
1 Packung Strudelblätter
250 ml Milch
250 ml Sahne
1 Vanilleschote
30 g Ingwer
4 Eigelb
50 g Zucker
2 EL Puderzucker

1   Die Äpfel schälen und in feine Scheiben schneiden.

2   Mit Zimt, Zitronensaft, Brioche und Rum vermengen.

3   Die Butter schmelzen und mit dem Eigelb vermischen.

4   Die Strudelblätter mit der Butter-Ei-Masse bestreichen.

5   Die Äpfel daraufgeben und zu einem Strudel rollen. Auf ein Backblech mit Backpapier legen und im vorgeheizten Backofen bei 180 °C etwa 30 bis 35 Minuten goldgelb backen.

6   Milch und Sahne mit dem ausgekratzten Mark der Vanilleschote und dem geriebenen Ingwer aufkochen.

7   Eigelb mit Zucker schaumig rühren.

8   In die heiße Milch-Sahne-Masse einrühren und nochmals ankochen, bis die Mischung eine honigartige Konsistenz bekommt.

9   Den Strudel mit Puderzucker bestreuen, in Stücke schneiden und mit der Sauce servieren.

153

Grieß-Topfen-Schmarrn mit Ingwer-Mango-Salat

Zutaten für 4 Personen

250 ml Milch
50 g Grieß
4 Eier
200 g Speisequark
2 EL Zucker
Salz
3 EL Butter
2 Mangos
50 g Ingwer
2 EL Honig
2 EL Minze, gehackt

1 Die Milch mit dem Grieß aufkochen. Von der Kochstelle nehmen.

2 Die Eier trennen. Den Quark und die Eigelbe unter die Grießmasse rühren.

3 Eiweiß mit Zucker zu festem Schnee schlagen. Ebenfalls unter die Grießmasse heben.

4 Salz zugeben und in eine Pfanne mit geschmolzener Butter einfüllen.

5 Die Pfanne im vorgeheizten Backofen bei 180 °C etwa 12 Minuten backen.

6 In der Zwischenzeit die Mangos schälen und in feine Scheiben schneiden.

7 Den Ingwer reiben und mit dem Honig und der Minze vermischen.

8 Die Mangos damit marinieren.

9 Den Schmarrn aus dem Backofen nehmen und mit 2 Gabeln zerteilen.

10 Mit dem Mangosalat servieren.

Parfait vom Ingwer-Mandel-Krokant mit Kirschsauce

Zutaten für 4 Personen

200 g Zucker
70 g Ingwer
200 g Mandeln, gehobelt
6 Eigelb
100 g Zucker
500 ml Sahne
500 ml Kirschsaft
20 ml Kirschwasser
3 EL Butter

1   Zucker ohne Fettzugabe schmelzen lassen. Den geriebenen Ingwer und die Mandeln dazugeben und auf ein gefettetes Blech gießen. Erkalten lassen.

2   Die Eigelbe mit Zucker schaumig schlagen.

3   Die Sahne aufschlagen.

4   Die Krokantmasse fein reiben, unter die Eigelbmasse geben.

5   Die Sahne unterheben und in eine mit Klarsichtfolie ausgelegte Form geben.

6   Mindestens 2 Stunden tiefkühlen.

7   Den Kirschsaft auf die Hälfte einkochen lassen. Kirschwasser und Butter dazugeben und aufmixen. Kalt stellen.

8   Das Parfait stürzen, in Scheiben schneiden und mit der Sauce servieren.

Topfenknödel mit Ingwer-Marillen

Zutaten für 4 Personen

400 g Speisequark
(20 % Fett)
3 Eigelb
2 EL Puderzucker
50 g Hefezopf (Brioche),
gerieben
3 EL Mehl
4 EL Speisestärke
400 g Marillen
3 EL Butter
3 EL brauner Zucker
1/2 Zitrone
1 EL Marillenschnaps
50 g Ingwer

Für die Butterbrösel

100 g Butter
120 g Semmelbrösel
1 Prise Zimt

1 Den Quark (Topfen) mit Eigelb, Puderzucker, Briochebröseln, Mehl und Speisestärke vermischen. 10 Minuten rasten lassen.

2 Die Marillen entsteinen und vierteln.

3 Die Butter schmelzen und den Zucker dazugeben. Mit Zitronensaft und Marillenschnaps ablöschen.

4 Die Marillen und den geriebenen Ingwer dazugeben. Bei schwacher Hitze 3 Minuten schmoren.

5 Aus der Quarkmasse Knödel formen. In kochendes Salzwasser einlegen und 10 Minuten leicht köcheln lassen.

6 Die Knödel mit den Ingwer-Marillen servieren.

7 Für die Butterbrösel die Butter in einer Pfanne schmelzen und die Semmelbrösel darin goldbraun rösten. Mit Zimt abschmecken.

8 Die Topfenknödel in den Butterbröseln wälzen und mit den Ingwer-Marillen servieren.

Gebackene Ingwer-Dattel-Kugeln

Zutaten für 4 Personen

200 g Datteln
50 g Bitterschokolade
70 g rosa Ingwer
10 Löffelbiskuits
1 Ei
3 EL Mandeln, gerieben
3 Eiweiß
100 g Semmelbrösel
Öl zum Frittieren

1 Die Datteln entkernen und fein hacken.

2 Die Schokolade und den Ingwer fein hacken.

3 Die Löffelbiskuits in den Handflächen zerbröseln.

4 Alles mit Ei und Mandeln vermischen und zu kleinen Kugeln formen.

5 Das Eiweiß leicht anschlagen.

6 Die Kugeln durch das Eiweiß ziehen und in den Bröseln wälzen.

7 Die Kugeln in heißem Öl knusprig frittieren.

8 Noch heiß servieren.

Tipp Dazu passt mit einem Schuss Rum verfeinerte Vanillesauce.

Maroni-Soufflé mit Ingwer-Zimt-Creme

Zutaten für 4 Personen

4 Eier
50 g Butter
400 g Maronipüree
2 EL Mehl
1 EL Speisestärke
3 EL Zucker
Butter zum Ausstreichen
Semmelbrösel
3 Eigelb
100 g Zucker
50 g Ingwer
500 ml Milch
3 Zimtstangen

1 Die Eier trennen. Eigelb mit Butter schaumig schlagen.

2 Maroni-Püree untermengen, Mehl und Speisestärke dazugeben.

3 Eiweiß mit Zucker zu festem Schnee schlagen.

4 Den Schnee unter die Maroni-Masse heben.

5 Portions-Souffléformen mit Butter ausstreichen und mit Bröseln ausstreuen. Die Masse hineingeben.

6 Die Formen im vorgeheizten Backofen bei 175 °C etwa 12 bis 15 Minuten backen.

7 Eigelb mit Zucker und dem geriebenen Ingwer schaumig schlagen.

8 Die Milch mit den halbierten Zimtstangen aufkochen.

9 Die heiße Milch unter die Eimasse geben.

10 So lange erwärmen, bis die Milch Saucenkonsistenz hat.

11 Durch ein feines Sieb gießen.

12 Die Soufflés stürzen und mit der Sauce servieren.

159
Süß

Kokos-Ingwer-Makronen

Zutaten für 4 Personen

3 Eier
200 g Zucker
Salz
250 g Kokosraspel
40 g Ingwer
2 EL Zitronensaft
30 Backoblaten

1 Eier mit Zucker und einer Prise Salz schaumig rühren.

2 Kokosraspel und fein gehackten Ingwer unterrühren und mit Zitronensaft würzen.

3 Die Kokosmasse mindestens 15 Minuten ruhen lassen, bis die Kokosraspel die Flüssigkeit aufgesogen haben und etwas aufgequollen sind.

4 Den Backofen auf 170 °C vorheizen. Backoblaten mit 5 cm Durchmesser auf einem mit Backpapier belegten Blech verteilen.

5 Mithilfe von 2 Teelöffeln die Kokosmasse auf den Backoblaten verteilen. Zwischen den Kokosmakronen genügend Platz lassen, da sie beim Backen etwas aufgehen. Man kann die Kokosmakronen auch direkt auf ein mit Backpapier belegtes Blech setzen.

6 Die Kokosmakronen bei 170 °C ca. 25 bis 30 Minuten auf der mittleren Schiene backen, bis sie goldbraun werden.

7 Auf dem Blech auskühlen lassen.

Tipp In einer luftdicht verschlossenen Dose halten sich die Makronen etwa 4 Wochen lang.

Nektarinensalat mit Ingwer-Rhabarber

Zutaten für 4 Personen

5 Nektarinen
125 ml Weißwein
1 Vanilleschote
300 g Rhabarber
70 g Ingwer
3 EL Honig
2 EL Butter

1 Die Nektarinen entkernen und in Spalten schneiden.

2 Den Weißwein mit dem ausgekratzten Mark der Vanille-schote aufkochen.

3 Den Rhabarber schälen und in 3 cm dicke Scheiben schnei-den.

4 In den Weißweinsud geben, kurz ankochen und von der Kochstelle nehmen.

5 Den Ingwer reiben und mit Honig, geschmolzener Butter und Nektarinen vermengen. 10 Minuten ziehen lassen.

6 Mit dem Rhabarber servieren.

In Ingwer pochierte Williamsbirnen mit Nougatcreme

Zutaten für 4 Personen

4 Williamsbirnen
100 g Ingwer
3 EL brauner Zucker
40 ml Williams-Christ-Schnaps
300 g Nougat
100 g Mandeln, gehobelt
250 ml Sahne
Minze zum Garnieren

1 Die Birnen schälen, halbieren und entkernen.

2 In einem Topf mit Wasser den in Scheiben geschnittenen Ingwer, Zucker und Schnaps aufkochen.

3 Die Birnen dazugeben und weich kochen.

4 Den Nougat schmelzen.

5 Die Mandeln in einer Pfanne trocken rösten.

6 Unter die Nougatmasse heben.

7 Die Sahne aufschlagen und ebenfalls unter die warme Nougatmasse heben. Kalt stellen.

8 Die Birnenhälften mit einem Löffel aushöhlen und die Nougatmasse einfüllen.

9 Die Hälften auf Teller geben und mit Minze dekorieren.

Süß

»Lemon posset« mit kandiertem Ingwer

Zutaten für 4 Personen

300 ml Crème double
150 g Zucker
Saft von 2 Zitronen
2 Eiweiß
100 g kandierter Ingwer
etwas Minze

1 Die Crème double mit 100 g Zucker zum Kochen bringen und 4 bis 5 Minuten sprudelnd kochen lassen, dann den Zitronensaft zugeben.

2 Den restlichen Zucker in 3 bis 4 EL Wasser auflösen und 2 Minuten kochen lassen.

3 Die Eiweiße aufschlagen, bis sich Spitzen bilden. Langsam den heißen Sirup einfließen lassen und weiterschlagen, bis die Masse abkühlt.

4 Den Eischnee vorsichtig unter die Crème heben. In Gläser füllen und kalt stellen.

5 Den Ingwer hacken und mit der Minze auf die Creme geben.

Süß

Gebackene Mäuse
mit Ingwer-Kirschen

Zutaten für 4 Personen

200 g Mehl
20 g frische Hefe
40 g Zucker
125 ml lauwarme Milch
40 g Butter
1 Eigelb
1 Prise Salz
1 l Öl
4 EL Puderzucker
250 ml Rotwein
1 EL Honig
60 g Ingwer, kandiert
300 g Kirschen, entsteint

1 Zuerst alle Zutaten außer Öl und Puderzucker auf Zimmertemperatur bringen.

2 Das Mehl in eine Schüssel geben, eine Mulde hineindrücken und die Hefe hineinbröckeln.

3 1 TL Zucker und 1 EL Milch zugeben und aus diesen Zutaten einen Vorteig kneten.

4 Den Teig 15 Minuten an einem warmen Ort ruhen lassen. In der restlichen Milch die Butter und den Zuckerrest auflösen. Anschließend die Eigelbe und das Salz einrühren.

5 Die Milchmischung zum Vorteig geben und zu einem glatten Teig verkneten. Nochmals zugedeckt an einem warmen Ort 30 Minuten ruhen lassen. Der Teig sollte dabei sein Volumen verdoppeln.

6 Das Öl in einem breiten Topf oder einer Fritteuse erhitzen. Mit einem in Öl getauchten Esslöffel Stücke aus dem Teig abstechen und portionsweise von jeder Seite etwa 2 Minuten goldbraun frittieren.

7 Die Teigmäuse auf Küchenkrepp abtropfen lassen und mit Puderzucker bestäuben.

8 Den Rotwein mit dem Honig auf die Hälfte einkochen lassen. Den Ingwer fein hacken und mit den Kirschen vermischen. Mit den Mäusen servieren.

Süß

Joghurt-Ingwer-Gelee mit Passionsfrucht

Zutaten für 4 Personen

100 g Crème fraîche
300 g Joghurt
1 Limette
70 g kandierter Ingwer
8 Blatt Gelatine
1 EL Bacardi
250 ml Sahne
4 Passionsfrüchte
60 ml Mangosaft

1 Die Crème fraîche und den Joghurt mit der gehackten Schale und dem Saft der Limette verrühren.

2 Den kandierten Ingwer fein hacken und untermengen.

3 Die Gelatine in kaltem Wasser einweichen. Nach 3 Minuten ausdrücken und in erwärmtem Bacardi auflösen.

4 4 EL der Joghurtmasse unter die Gelatine mengen, dann beides zügig vermischen.

5 Die Sahne halbfest aufschlagen, unter die Ingwermasse heben und in eine flache Form füllen. Die Form abdecken.

6 Mindestens 2 Stunden kühlen.

7 Die Passionsfrüchte halbieren, das Fruchtfleisch auskratzen und mit Mangosaft erwärmen. Erkalten lassen.

8 Das Gelee in 2 cm große Würfel schneiden und mit der Passionsfruchtsauce anrichten.

Getrockneter Ingwerschnee mit Waldbeeren

Zutaten für 4 Personen

6 Eiweiß
Salz
300 g Puderzucker
1 EL Vanillezucker
1 EL Ingwerpulver
1 EL Grappa
2 EL Honig
1 EL Zitronensaft
300 g Waldbeeren

1 Eiweiß mit Salz in einer großen Rührschüssel langsam steif schlagen. Dabei nach und nach Puderzucker, den Vanillezucker und das Ingwerpulver einrieseln lassen. (Der Eischnee ist fertig, wenn er matt glänzt und sanfte Spitzen bildet, sobald man den Schneebesen herauszieht. Er darf auf keinen Fall wolkig wirken und stark glänzen – dann ist er bereits zu lange geschlagen worden.)

2 Die Masse mit einem Löffel häufchenförmig auf ein mit Backpapier ausgelegtes Backblech geben. Nicht zu eng legen. (Oder in einen Spritzbeutel mit gezackter Tülle füllen und in Rosetten auf das Backpapier spritzen.)

3 Zum Trocknen den Backofen auf 70 °C einstellen. Bei herkömmlichen Backöfen unbedingt die Tür einen Spalt öffnen, damit die Feuchtigkeit entweichen kann.

4 Mindestens 1 Stunde, am besten jedoch über Nacht trocknen.

5 Den Grappa mit dem Honig und dem Zitronensaft vermischen. Die gewaschenen Waldbeeren damit marinieren.

6 Die Beeren zum Ingwerschnee servieren.

171

Süß

Gingerbread

Zutaten für ca. 50 Stück

50 g kandierter Ingwer
220 g Mehl (glatt)
100 g Puderzucker
150 kalte Butter
1 Eigelb
1 EL Rosenwasser
1 Prise Zimt
1 Prise Salz

1   Den kandierten Ingwer sehr fein hacken.

2   Das Mehl mit dem Zucker auf eine Arbeitsfläche sieben.

3   Die kalte Butter durch die grobe Seite eines Reibeisens über das Mehl-Zucker-Gemisch reiben.

4   Das Eigelb, das Rosenwasser, den Zimt, den gehackten Ingwer und das Salz zugeben und alles rasch zu einem geschmeidigen Teig verarbeiten.

5   Den Teig zu einer Kugel formen, etwas flachdrücken, in Klarsichtfolie wickeln und etwa 1 Stunde im Kühlschrank ruhen lassen.

6   Den Backofen auf 180 °C vorheizen.

7   Den Teig auf einer bemehlten Arbeitsfläche etwa 3 mm dick ausrollen, Figuren (z. B. Puzzleformen) ausstechen, auf ein mit Backpapier ausgelegtes Backblech legen und auf der mittleren Schiene im Backofen etwa 8 bis 10 Minuten backen.

8   Die fertigen Kekse vollständig auskühlen lassen. Sie sind gut verschlossen etwa 6 Wochen haltbar.

Eingekocht

Granny-Smith-Ingwer-Marmelade

Zutaten für ca. 850 g

800 g Äpfel (Granny Smith)
100 g Ingwer
1 EL Pektin
250 g Gelierzucker
1 Limette
40 ml Apfelschnaps

1 Die Äpfel schälen und mit dem Ingwer in kleine Würfel schneiden.

2 Beides mit Pektin und Gelierzucker in einem Topf aufkochen.

3 Mit einem Stabmixer aufmixen und 5 Minuten kochen lassen.

4 Limettensaft und Schnaps dazugeben.

5 In saubere Gläser füllen und sofort verschließen.

6 Den Backofen auf 120 °C vorheizen. Ein tiefes Blech mit einem sauberen Tuch auslegen, die Gläser daraufstellen und das Blech zu 2/3 mit heißem Wasser füllen.

7 Das Blech in den Backofen schieben und die Marmelade etwa 20 bis 30 Minuten sterilisieren.

Tipp Die Marmelade schmeckt am besten, wenn sie vor dem Verzehr einige Tage ziehen kann.

Rhabarber-Ingwer-Konfitüre

Zutaten für ca. 750 g

200 g Rhabarber
300 g Gelierzucker
100 g Ingwer
1 EL Pektin
300 g Himbeeren

1 Den Rhabarber schälen und in 5 cm lange Streifen schneiden.

2 Mit Gelierzucker, Pektin, dem geriebenen Ingwer und den Himbeeren aufkochen.

3 5 Minuten kochen lassen und in saubere Gläser abfüllen.

4 Die Gläser im Backofen bei 100 °C etwa 20 bis 30 Minuten sterilisieren (siehe Seite 176).

Bananen-Ingwer-Marmelade mit Himbeeren

Zutaten für ca. 700 g

4 Bananen
100 g Ingwer
250 g Gelierzucker
1 TL Pektin
1 Zitrone
200 g Himbeeren

1 Die Bananen schälen und in Würfel schneiden.

2 Den Ingwer in kleine Würfel schneiden. Beides mit Gelierzucker, Pektin und dem Saft der Zitrone mit einem Stabmixer pürieren.

3 In einem Topf unter ständigem Rühren aufkochen und etwa 5 Minuten kochen lassen.

4 Von der Kochstelle nehmen und die Himbeeren vorsichtig einrühren.

5 In Einmachgläser abfüllen, abkühlen lassen und kühl stellen.

Tipp Vor dem Verzehr 3 bis 4 Tage durchziehen lassen.

Brombeer-Ingwer-Gelee mit Zitronenthymian

Zutaten für ca. 500 g

60 g Ingwer
400 g Brombeeren
60 g brauner Zucker
3 EL Zitronenthymian, gehackt
8 Blatt Gelatine
125 ml Rotwein

1   Den Ingwer fein hacken und mit den Brombeeren in einem Topf erhitzen.

2   Zucker und Thymian dazugeben.

3   Die Gelatine 5 Minuten in kaltem Wasser einweichen.

4   Ausdrücken und mit dem Rotwein zu den Brombeeren geben.

5   Alles mit einem Stabmixer aufmixen und in Gläser füllen. Erkalten lassen, zudecken und gekühlt lagern.

Tipp Das Gelee nach dem Öffnen im Kühlschrank aufbewahren und bald aufbrauchen.

Kokos-Ingwer–Erdbeer-Traum

Zutaten für ca. 850 g

100 g Kokosflocken
800 g Erdbeeren
250 g Gelierzucker
1 EL Pektin
60 g Ingwer
2 EL Minze, gehackt

1. Die Kokosflocken in einer Pfanne ohne Fettzugabe rösten.

2. Mit den gewaschenen und entstielten Erdbeeren und dem Gelierzucker in einem Topf 5 Minuten kochen lassen.

3. Pektin, geriebenen Ingwer und gehackte Minze dazugeben.

4. Mit einem Stabmixer aufmixen.

5. In saubere Gläser füllen.

6. Die Gläser im Backofen bei 100 °C etwa 20 bis 30 Minuten sterilisieren.

»Muntermacher«: Kiwi-Limetten-Konfitüre mit Ingwer

Zutaten für ca. 600 g

10 harte, saure Kiwis
250 g Gelierzucker
1 TL Pektin
60 g kandierter Ingwer
40 ml Bacardi

1 Die Kiwis schälen und den harten, weißen Strunk entfernen.

2 Mit Gelierzucker und dem Pektin aufmixen.

3 Den kandierten Ingwer in kleine Würfel schneiden.

4 Die Kiwis mit dem Ingwer in einem Topf aufkochen und 5 Minuten köcheln lassen.

5 In Gläser füllen, jeweils einen Schuss Bacardi dazugeben, anzünden und schließen.

Tipp Die Konfitüre nach dem Öffnen im Kühlschrank aufbewahren und bald aufbrauchen.

Gelee vom türkischen Honig mit Ingwerfeigen

Zutaten für ca. 500 g

300 g frische Feigen
100 g türkischer Honig
50 g Ingwer
8 Blatt Gelatine
20 ml weißer Portwein
500 ml Weißwein
3 EL Honig
20 g gehobelte Mandeln, geröstet

1 Die Feigen schälen und in große Stücke schneiden.

2 Den türkischen Honig in kleine Würfel schneiden.

3 Den Ingwer reiben.

4 Die Gelatine in kaltem Wasser einweichen. Nach 2 Minuten ausdrücken und in dem Portwein erwärmen.

5 Den Weißwein aufkochen. Portwein, Honig, Mandeln, Feigen, türkischen Honig und Ingwer dazugeben.

6 Nochmals kurz aufkochen lassen und in Gläser abfüllen.

Tipp Füllen Sie das Gelee am besten in kleine Gläser.

Kirsch-Ingwer-Marmelade mit weißer Schokolade

Zutaten für ca. 850 g

700 g Kirschen, entsteint
250 g Gelierzucker
70 g Ingwer
125 ml Orangensaft
1 EL Pektin
200 g weiße Schokolade

1 Die Kirschen mit Zucker, Ingwer, Orangensaft und Pektin aufmixen.

2 In einem Topf 5 Minuten kochen.

3 Abkühlen lassen.

4 Die Schokolade in kleine Würfel schneiden und untermengen.

5 In Gläser füllen.

6 Die Gläser im Backofen bei 80 °C etwa 20 Minuten sterilisieren.

Blutorangen-Ingwer-Gelee mit kandierten Ananas

Zutaten für 4 Personen

13 Blatt Gelatine

1 l frisch gepresster Blutorangensaft

Zesten von 2 unbehandelten Blutorangen

70 g Ingwer

100 g kandierte Ananas

1 Die Gelatine in kaltes Wasser einlegen und 5 Minuten einweichen, dann gut ausdrücken.

2 Die ausgedrückte Gelatine in 250 ml Blutorangensaft erwärmen, bis sie sich komplett aufgelöst hat.

3 Die Orangenzesten fein hacken, dann mit dem geriebenen Ingwer und der in dem Blutorangensaft gelösten Gelatine unter den restlichen Blutorangensaft mischen.

4 Die Mischung in eine Kastenform füllen und mindestens 2 Stunden kalt stellen.

5 Das fertige Gelee stürzen und in kleine Würfel schneiden.

6 Die kandierte Ananas fein hacken. Das Gelee mit der gehackten Ananas anrichten.

Tipp Man kann das Gelee nach Belieben mit einigen Blättern frischer Minze servieren.

Kürbis-Ingwer-Marmelade mit Ahornsirup

Zutaten für ca. 850 g

600 g Kürbis
100 g Ingwer
250 g Gelierzucker
1 EL Pektin
2 EL Zitronensaft
100 g Ahornsirup

1 Den Kürbis in kleine Würfel schneiden.

2 Den Ingwer reiben und mit Zucker, Pektin und Kürbis in einem Topf 7 Minuten kochen.

3 Mit Zitronensaft und Ahornsirup aufmixen.

4 In Gläser füllen.

5 Die Gläser im Backofen bei 100 °C 20 Minuten sterilisieren.

Maroni-Ingwer-Konfitüre mit Nougat

Zutaten für ca. 600 g

300 g Maroni-Püree
100 g Ingwer
200 g Nougat
500 ml Wasser
3 EL Butter

1 Das Maroni-Püree mit dem fein geriebenem Ingwer aufmixen.

2 Den Nougat im Wasser erwärmen und die Maroni-Masse untermischen.

3 Die Butter dazugeben, nochmals erwärmen und in Gläser füllen. Kühl lagern.

Ingwer-Ringelblumen-Honig

Zutaten für ca. 1 kg

50 g Ringelblumenblüten
1 l Honig
100 g Ingwer
20 ml Wodka

1 Die gezupften Ringelblumenblüten gut waschen und mit dem Honig in einem Topf langsam erwärmen.

2 Den Ingwer reiben und unter stetigem Rühren dazugeben. Die Masse darf nicht zu heiß werden und nicht karamellisieren.

3 Den Wodka dazugeben und in eine Schüssel abfüllen.

4 Kühl und dunkel lagern.

5 Nach 1 Woche nochmals erhitzen und die Blüten und den Ingwer entfernen. Anschließend in Gläser abfüllen.

Karamel-Ingwer-Creme

Zutaten für ca. 500 g

400 g Zucker
100 g Ingwer
250 ml Milch
250 g Butter
1 TL Meersalz

1 Den Zucker in einem Topf zu Karamell schmelzen.

2 Den geriebenen Ingwer dazugeben und mit Milch ablöschen.

3 Die Butter und das Salz dazugeben und auflösen.

4 In Gläser füllen und kühl lagern.

Eingelegte Eierschwammerl mit Ingwer-Zwiebeln

Zutaten für ca. 1 l

500 ml Sherryessig
Meersalz
2 Lorbeerblätter
100 g Ingwer
1 kg Pfifferlinge
(Eierschwammerl)
3 rote Zwiebeln

1   1 l Wasser mit Sherryessig, Meersalz, den Lorbeerblättern und dem fein gehackten Ingwer aufkochen.

2   Die Pfifferlinge waschen und klein schneiden. In die Flüssigkeit geben.

3   Die geschälten und in grobe Stücke geschnittenen Zwiebeln dazugeben.

4   In Gläser füllen.

5   Die Gläser im Backofen bei 100 °C etwa 20 Minuten sterilisieren.

194

Eingelegter Kürbis auf asiatische Art

Zutaten für ca. 1 l

150 g Ingwer
400 g Kürbis
500 ml Reisweinessig
2 EL Currypulver
1 Zimtstange
3 Zitronenblätter
2 Kardamomkapseln
Meersalz

1 Den Ingwer fein hacken.

2 Den Kürbis schälen und in 3 x 3 cm große Würfel schneiden.

3 1 l Wasser mit Reisweinessig, Currypulver, Zimtstange, Zitronenblättern, Kardamom und Salz aufkochen.

4 Den Kürbis einlegen und 10 Minuten ziehen lassen.

5 In Gläser füllen.

6 Die Gläser im Backofen bei 100 °C etwa 20 Minuten sterilisieren.

Eingelegte Ingwer-Gurkerl mit rosa Pfeffer

Zutaten für ca. 3 l

2 kg kleine Einlegegurken
750 ml Einlegeessig (7,5 %)
1 l Wasser
4 Scheiben roher Meerrettich
200 g Ingwer in Scheiben
2 EL rosa Pfefferkörner
3 Pimentkörner
2 EL Meersalz
4 EL Zucker

1. Die Gurken mit einer Bürste unter fließendem kaltem Wasser gut reinigen.

2. Den Essig mit Wasser, Meerrettich, Ingwer, den Gewürzen, Salz und Zucker aufkochen.

3. Die Gurken gut abtrocknen und bis 2 cm unter dem Rand in Einmachgläser füllen.

4. Jetzt die Essigflüssigkeit daraufgeben. Darauf achten, dass überall gleich viele Gewürze sind.

5. Die Glasränder mit einem sauberen Tuch gut abwischen. Den sterilen und trockenen Gummi darauflegen, mit Einmachklammern verschließen und bei 100 °C im Backofen etwa 20 Minuten sterilisieren (siehe Seite 176).

Curry-Ingwer-Karotten in Sesamöl

Zutaten für ca. 1 l

800 g Karotten
70 g Ingwer
1 l Erdnussöl
250 ml Sesamöl
2 EL Currypaste
2 EL Koriander, gehackt
Meersalz

1 Die Karotten schälen und in breite Stifte schneiden.

2 Den Ingwer reiben.

3 Das Erdnussöl mit dem Sesamöl erwärmen.

4 Die Gewürze in das Öl geben.

5 Die Karotten dazugeben und 5 Minuten köcheln lassen (nicht frittieren).

6 In Gläser füllen und einige Tage durchziehen lassen.

Tipp Die Karotten passen zu gebratenem Huhn oder Reisgerichten.

Auberginen mit Ingwer und Knoblauch in Balsamicoöl

Zutaten für ca. 1,5 l

4 Auberginen
100 g Ingwer
500 ml Olivenöl
1 Rosmarinzweig
5 Knoblauchzehen
Meersalz
250 ml Balsamico

1 Die Auberginen in kleine Würfel schneiden.

2 Den Ingwer fein reiben.

3 Das Olivenöl erwärmen. Den Rosmarin, die halbierten Knoblauchzehen und das Salz dazugeben.

4 Die Auberginen und den Ingwer hinzufügen.

5 2 Minuten ziehen lassen.

6 Mit Essig ablöschen, gut umrühren und in Gläser füllen. Vor dem Verzehr einige Tage durchziehen lassen.

Tipp Die Auberginen passen zu Crostinis und Lammbraten.

Eingelegte Tomaten mit Ingwer

Zutaten für 4 Personen

1 kg kleine vollreife Eiertomaten

etwas Olivenöl zum Bestreichen

Salz

50 g Ingwer

4 Knoblauchzehen

2 EL Rosmarinnadeln

250 ml Olivenöl

1 Die Tomaten waschen und gut trocknen lassen.

2 Die Tomaten längs halbieren und mit den Schnittflächen nach oben auf ein mit Olivenöl bestrichenes Backblech legen und etwas salzen.

3 Den Ingwer und den Knoblauch schälen, beides in dünne Scheiben schneiden, über den Tomaten verteilen und im vorgeheizten Backofen bei 100 °C etwa 5 Stunden trocknen. Dabei die Ofentür einen Spalt offen lassen.

4 Die Tomaten in ein Glas geben, mit den Rosmarinnadeln bestreuen und mit Olivenöl übergießen.

5 Glas gut verschließen und mindestens 3 bis 4 Tage durchziehen lassen.

Schalotten mit Ingwer-Chardonnay-Essig

Zutaten für ca. 1 l

400 g Schalotten
500 ml Chardonnay
250 ml Weißweinessig
Salz, Pfeffer
6 Wacholderbeeren
3 EL Honig
100 g Ingwer

1 Die Schalotten schälen und halbieren.

2 Den Chardonnay mit dem Essig aufkochen.

3 Mit Salz und Pfeffer würzen.

4 Wacholderbeeren, Honig und den gehackten Ingwer dazugeben.

5 Die Schalotten einlegen und 3 Minuten köcheln lassen.

6 In Gläser füllen.

7 Die Gläser im Backofen bei 100 °C etwa 20 bis 25 Minuten sterilisieren (siehe Seite 176).

Tipp Die Schalotten passen zu Antipastiplatten oder zu kaltem Braten.

Rote-Rüben-Salat mit Ingwer und Wasabi

Zutaten für ca. 1 l

800 g rote Rüben
250 ml Rotwein
125 ml Rotweinessig
100 g Ingwer
1 TL Kreuzkümmel
1 EL Wasabipaste
2 EL Honig
Salz, Pfeffer

1 Die roten Rüben weich kochen und schälen.

2 In Scheiben schneiden.

3 Den Rotwein mit dem Essig und dem geriebenen Ingwer aufkochen.

4 Die Rüben einlegen. Mit Kümmel, Wasabi, Honig, Salz und Pfeffer würzen.

5 In Gläser füllen und einige Tage durchziehen lassen.

Tipp Der Salat ist ideal als kleiner Beilagensalat.

Zucchini mit rosa Ingwer und weißem Balsamico

Zutaten für ca. 1 l

4 große Zucchini
500 ml weißer Balsamico
500 ml Wasser
Meersalz
12 grüne Pfefferkörner
4 Lorbeerblätter
4 Rosmarinzweige
100 g rosa Ingwer

1 Die Zucchini in 3 x 3 cm große Würfel schneiden.

2 Den Essig mit Wasser, Salz, Pfefferkörnern, Lorbeerblättern und dem gezupften Rosmarin aufkochen.

3 Den Ingwer klein schneiden und dazugeben.

4 Die Zucchini einlegen und 1 Minute ziehen lassen.

5 Die Zucchini in saubere Gläser füllen und bei 100 °C etwa 20 bis 25 Minuten sterilisieren (siehe Seite 176).

Tipp Die Zucchini passen zu rohem Schinken und Pastrami.

Bärlauch-Ingwer-Pesto

Zutaten für ca. 0,5 l

200 g Bärlauch
50 g Ingwer
50 g Walnüsse
100 g Parmesan
250 ml Olivenöl

1   Den Bärlauch fein schneiden.

2   Den Ingwer fein hacken.

3   Bärlauch, Ingwer und Nüsse in einem Mörser zu einer Paste verarbeiten.

4   Mit geriebenem Parmesan und Olivenöl auffüllen.

5   In Gläser füllen und kühl lagern.

Tipp Das Pesto passt zu Pasta und gebratenem Gemüse.

Ingwer-Kraut
mit Peperoni

Zutaten für ca. 750 ml

1 Kopf Weißkraut
2 EL Olivenöl
1 l Weißwein
250 ml Apfelessig
100 g Ingwer
4 Peperoni
Salz, Pfeffer
3 Wacholderbeeren

1 Das Kraut in feine Streifen schneiden.

2 In Olivenöl anbraten. Mit Weißwein und Essig ablöschen.

3 Den Ingwer fein hacken und dazugeben.

4 Die Peperoni längs halbieren und klein schneiden.

5 Zum Kraut geben und mit Salz, Pfeffer und Wacholder würzen.

6 Knackig dünsten.

7 In Gläser füllen und mit Weißwein auffüllen.

8 Die Gläser im Backofen bei 100 °C etwa 20 bis 25 Minuten sterilisieren.

Petersilien-Mandel-Pesto mit Ingwer

Zutaten für ca. 750 ml

200 g geriebene Mandeln, geröstet

200 g Petersilie

100 g Ingwer

2 Knoblauchzehen

125 ml Mandelöl

350 ml Olivenöl

Meersalz

1   Alle festen Zutaten zerkleinern.

2   In einem Mörser zu einer Paste vermengen. Salzen.

3   Mit dem Öl auffüllen und in Gläser geben.

Drinks

Heiße Ingwer-Schokolade

Zutaten für 4 Personen

50 g Ingwer
1 l Milch
300 g Schokolade
1 TL Zimt, gemahlen
2 EL brauner Zucker

1 Den Ingwer fein reiben und mit den übrigen Zutaten aufkochen.

2 Gut umrühren.

3 10 Minuten ziehen lassen und heiß servieren.

Asiatischer Glühwein

Zutaten für 4 Personen

1 l Rotwein
2 Kardamomkapseln
1 Stängel Zitronengras
100 g Ingwer
50 g getrocknete Mango
4 EL Honig
2 Zitronenblätter

1 Den Rotwein aufkochen.

2 Den Kardamom zerdrücken, das Zitronengras klein schneiden und den Ingwer fein hacken.

3 Die Mango fein hacken.

4 Alle Zutaten mit dem Rotwein aufkochen. 6 Minuten ziehen lassen, die Zitronenblätter entfernen und auf Tassen aufteilen.

Grog mit Ingwer-Bratapfel

Zutaten für 4 Personen

100 g Ingwer
2 EL Butter
3 EL Honig
4 Äpfel
750 ml Rotwein
60 ml Rum
125 ml Orangensaft
3 EL brauner Zucker

1 Den Ingwer fein hacken. Mit Butter und Honig vermischen.

2 Die ganzen Äpfel in eine feuerfeste Form geben und mit der Butter belegen.

3 Die Form in den vorgeheizten Backofen geben und bei 220 °C 20 Minuten backen.

4 Den Rotwein mit Rum, Orangensaft und braunem Zucker aufkochen.

5 Die Bratäpfel aus dem Backofen nehmen und in kleine Stücke schneiden.

6 Die Stücke in den Grog geben und auf Tassen aufteilen.

Ingwer-Punsch

Zutaten für 4 Personen

2 Äpfel
70 g Ingwer
1 l Orangensaft
1 Zimtstange
2 Nelken
3 EL Honig

1 Die Äpfel entkernen und mit dem Ingwer in kleine Würfel schneiden.

2 Alle Zutaten aufkochen und 10 Minuten köcheln lassen.

3 Die Nelken und den Zimt entfernen.

4 In Tassen füllen.

Eierpunsch mit Ingwer und Schokolade

Zutaten für 4 Personen

500 ml Milch
1 EL Zucker
30 g Ingwer
1 Vanilleschote
3 Eigelb
1/2 unbehandelte Orange
60 ml Orangenlikör
20 ml Weinbrand
250 ml Sahne
30 g dunkle Schokolade

1. Milch mit Zucker, geriebenem Ingwer und dem ausgekratzten Mark der Vanilleschote aufkochen.

2. Eigelb mit der Schale und dem Saft der Orange verrühren.

3. Die Eigelbmasse unter die heiße Milch mengen. Bei geringer Hitze so lange rühren, bis eine dickflüssige Masse entsteht.

4. Von der Kochstelle nehmen, den Orangenlikör und den Weinbrand einrühren.

5. Die Sahne halbfest aufschlagen.

6. Die Eigelb-Milch durch ein Sieb gießen.

7. Die Sahne und die in kleine Stücke geschnittene Schokolade untermengen.

8. Sofort in Gläser abfüllen.

Hot Shiraz mit Ingwer-Orange

Zutaten für 4 Personen

2 Orangen
2 EL Butter
100 g Ingwer
1 l Shiraz

1 Von den Orangen die oberen 3 cm abschneiden.

2 Mit dem Löffel eine kleine Mulde herausbrechen.

3 Die Butter mit dem gehackten Ingwer vermischen.

4 Die Mischung in die Mulde füllen und im vorgeheizten Backofen bei 200 °C etwa 10 Minuten backen.

5 Erkalten lassen und das Fruchtfleisch auslösen.

6 Den Shiraz erwärmen und mit den in kleine Stücke geschnittenen Orangen servieren.

216 Drinks

Granny-Smith-Punsch mit Ingwer

Zutaten für 4 Personen

2 Äpfel (Granny Smith)
1 l Apfelsaft
1 Zimtstange
70 g Ingwer
3 EL Honig
20 ml Apfelschnaps

1   Die Äpfel entkernen und in kleine Stücke schneiden.

2   Mit dem Apfelsaft aufmixen.

3   Den Apfelsaft mit der zerbrochenen Zimtstange, dem geriebenen Ingwer, Honig und Schnaps aufkochen.

4   3 Minuten ziehen lassen. Die Zimtstange entfernen und heiß servieren.

Geräucherter Grüntee mit Ingwer und Mandarinen

Zutaten für 4 Personen

15 g geräucherter Grüntee
250 ml Mandarinensaft
50 g Ingwer
2 EL Honig

1 1 l Wasser zum Kochen bringen. Leicht abkühlen lassen, die Teeblätter einlegen.

2 2 Minuten ziehen lassen, das Teewasser abschütten und den Vorgang noch einmal wiederholen. 5 Minuten ziehen lassen.

3 Den Tee abgießen, den Mandarinensaft und den in dünne Scheiben geschnittenen Ingwer dazugeben. Einmal aufkochen und nochmals 5 Minuten ziehen lassen. Mit Honig süßen.

4 In Gläser gießen und evtl. mit Mandarinenspalten servieren.

Ingwertee mit Limette und Kandis

Zutaten für 4 Personen

3 EL grüne Teeblätter
70 g Ingwer
2 Limetten
100 g Kandis

1 1 l Wasser zum Kochen bringen.

2 Tee, geriebenen Ingwer und den Saft der Limetten dazugeben.

3 3 Minuten ziehen lassen.

4 Durch ein Sieb gießen.

5 Den Kandiszucker auf die Tassen aufteilen, den Tee daraufgießen und heiß servieren.

Milch mit Honig, Ingwer und Zimt

Zutaten für 4 Personen

1 l Milch
4 EL Honig
60 g Ingwer
1 TL Zimt, gemahlen

1. Den Ingwer fein reiben und mit den restlichen Zutaten aufkochen.
2. 2 Minuten ziehen lassen und heiß servieren.

Heißer Holunder mit Ingwer-Sahne-Haube

Zutaten für 4 Personen

750 ml Holundersaft
500 ml Sahne
50 g Ingwer
2 EL Honig

1. Den Holundersaft erwärmen und in Tassen füllen.
2. Die Sahne mit dem geriebenen Ingwer und dem Honig in eine Siphonflasche füllen.
3. Eine Patrone einsetzen, aufschütteln und Sahnehäubchen aufspritzen.

Café »Ingwer Latte«

Zutaten für 4 Personen

30 g Ingwer
750 ml Milch
4 Tassen Espresso
1 EL Kakaopulver
1 TL Zimtpulver

1   Den Ingwer reiben und mit der Milch aufkochen. Die Milch aufschäumen.

2   Den Espresso zubereiten.

3   4 Gläser zu zwei Dritteln mit der aufgeschäumten Milch auffüllen.

4   Den Espresso vorsichtig einfüllen.

5   Mit der restlichen Milch aufgießen und mit Kakaopulver und Zimtpulver dekorieren.

Heißer Chardonnay mit Ingwer und Zitronengras

Zutaten für 4 Personen

50 g kandierter Ingwer
2 Stängel Zitronengras
20 g geriebener Ingwer
1 l Chardonnay

1 Den kandierten Ingwer fein hacken.

2 Das Zitronengras in sehr feine Scheiben schneiden.

3 Den Wein mit dem kandierten und dem geriebenen Ingwer sowie dem Zitronengras aufkochen und 5 Minuten ziehen lassen.

4 Abseihen und nochmals erwärmen.

5 In Gläser füllen und nach Belieben mit einem Zitronengras-spieß servieren.

225

Grüner Eistee mit Ingwer und Orangen

Zutaten für 4 Personen

1 l Wasser
3 EL grüner Tee
70 g Ingwer
2 EL Honig
3 Orangen

1   Das Wasser aufkochen. Kurz abkühlen lassen, den Tee und den fein geriebenen Ingwer dazugeben.

2   Mit Honig vermischen und 4 Minuten ziehen lassen. Dann abseihen.

3   Die Orangen filetieren und in kleine Würfel schneiden. Die Würfel mit dem Tee vermischen.

4   Mindestens 1 Stunde kühlen.

Nektarinen-Ingwer-Saft

Zutaten für 4 Personen

10 Nektarinen
100 g Ingwer
2 EL Honig
500 ml Mineralwasser

1   Die Nektarinen und den Ingwer entsaften.

2   Den Ingwer-Nektarinen-Saft mit Honig vermischen und mit dem Mineralwasser aufgießen.

Rosa Pfirsich-Ingwer-Prosecco

Zutaten für 4 Personen

50 g rosa Ingwer
50 g Himbeeren
4 weiße Pfirsiche
1 l Prosecco

1 Den rosa Ingwer mit den Himbeeren, den in dünne Spalten geschnittenen Pfirsichen und 250 ml Prosecco aufmixen.

2 Das Püree in Gläser füllen und mit dem übrigen Prosecco aufgießen.

Geeister Ananas-Ingwer-Saft

Zutaten für 4 Personen

400 g Ananas
70 g Ingwer
1 EL Honig
1 l Orangensaft

1 Die Ananas mit dem Ingwer entsaften.

2 Den Honig dazugeben und mit dem Orangensaft aufmixen.

3 Kühlen.

Spritz mit kandiertem Ingwer

Zutaten für 4 Personen

250 ml Wasser
60 g Ingwer
1/2 Limette
1 EL Honig
50 g kandierter Ingwer
750 ml Prosecco
80 ml Aperol

1 Das Wasser mit dem geriebenen Ingwer, der gehackten Schale und dem Saft der halben Limette und dem Honig aufkochen. Über Nacht im Kühlschrank aufbewahren.

2 Den kandierten Ingwer hacken.

3 Den Prosecco in Gläser füllen. Mit jeweils 20 ml Aperol, 20 ml Ingwersud und dem kandierten Ingwer auffüllen.

Ingwer-Wodka

Zutaten für 4 Personen

100 g Ingwer
1 Stängel Zitronengras
500 ml Wodka

1 Den Ingwer und das Zitronengras fein hacken.

2 Beides in den Wodka geben und mindestens 2 Tage marinieren.

Orangensaft mit Campari-Ingwer-Eiswürfeln

Zutaten für 4 Personen

50 g Ingwer
2 EL Minze
500 ml Wasser
60 ml Campari
16 Pressorangen

1 Den Ingwer reiben, die Minze hacken und mit dem Wasser und dem Campari verrühren.

2 In Eiswürfelbehälter füllen und über Nacht im Tiefkühler frieren.

3 Die Orangen pressen und mit den Eiswürfeln servieren.

Weißer Holunder-Ingwer-Spritzer

Zutaten für 4 Personen

1 Limette
2 EL Holundersirup
50 g Ingwer
500 ml Weißwein
500 ml Sodawasser

1   Die Limette pressen. Den Saft mit dem Holundersirup und dem in kleine Würfel geschnittenen Ingwer aufkochen.

2   Den Weißwein mit dem Soda vermischen und den erkalteten Sirup dazugeben.

3   Auf 4 Gläser aufteilen.

Ingwer-Cosmopolitan

Zutaten für 4 Personen

50 g Ingwer
80 ml Wodka
80 ml Cranberrysaft
40 ml Cointreau
80 ml Limettensaft

1   Den Ingwer fein reiben.

2   Alle Zutaten in einen Shaker mit Eiswürfeln geben.

3   Mit einem Löffel vermengen und in Gläsern servieren.

Campari mit Ingwersoda

Zutaten für 4 Personen

50 g kandierter Ingwer
1 Orange
120 ml Campari
1 l Soda

1 Den Ingwer fein hacken.

2 Die Orange filetieren.

3 Die Orangenfilets und den Ingwer auf 4 Gläser aufteilen.

4 Je 30 ml Campari in ein Glas geben und mit Soda aufgießen.

233

Vitamin-C-Wunder

Zutaten für 4 Personen

5 Karotten
100 g Ingwer
2 Zitronen
750 ml Orangensaft
1 EL Olivenöl

1 Die Karotten und den Ingwer entsaften.

2 Die Zitronen pressen.

3 Den Karotten-Ingwersaft mit Zitronensaft und Orangensaft vermischen.

4 Olivenöl dazugeben und gut vermischen.

234 Drinks

Soda mit Ingwer-Marillen-Sirup

Zutaten für 4 Personen

300 g Marillen
60 g Ingwer
2 EL Honig
1 l Soda
20 ml Marillenschnaps

1 Die Marillen entsteinen und klein schneiden.

2 Den Ingwer fein hacken.

3 Den Honig erwärmen, die Marillen und den Ingwer dazugeben.

4 4 Minuten einkochen lassen, aufmixen und kühlen.

5 Das Soda mit dem Sirup und dem Schnaps vermischen.

235

Mangolassi mit Ingwer

Zutaten für 4 Personen

2 sehr reife Mangos
500 g Joghurt
Saft von 1/2 Orange
10 Eiswürfel
70 g Ingwer

1   Die Mangos schälen und vom Kern befreien.

2   In kleine Würfel schneiden.

3   Die Mango mit Joghurt, Orangensaft und den Eiswürfeln in einen Tourmixer geben.

4   Den Ingwer fein reiben und ebenfalls dazugeben.

5   Alles zu einer cremigen Masse mixen.

6   In Gläser füllen und kalt servieren.

Tipp Die Gläser nach Belieben mit Orangenzesten und fein geschnittener Minze garnieren.

Register

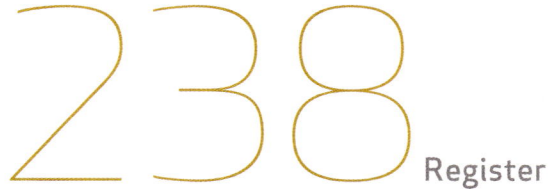

Dank der Fotografin
Ein ganz besonderes Dankeschön an Eveline Bach von der Gärtnerei Bach, Contiweg 165, A-1220 Wien,
für das Großziehen der frischen grünen Ingwerpflanzen.

Ganz vielen Dank auch an:
Firma Lobmeyer, Kärntnerstraße 20, A-1010 Wien, für die Ausstattung mit Gläsern und Geschirr,
Scandinavian Design House, Rudolfsplatz 13a, A-1010 Wien, für Geschirr und Möbel,
»das Möbel«, Gumpendorferstraße 11, A-1060 Wien, für diverse Designmöbel,
Möbel Corso, Währingerstraße 65, A-1090 Wien, für Geschirr,
»Wien« Licht, Salztorgasse 1, A-1010 Wien, für Serviertabletts.

Und zu guter Letzt noch »Danke« an meinen Freund Rudi für die Fertigung des Keksausstechers fürs »Ginger Bread«.

Impressum
www.collection-rolf-heyne.de

Copyright © 2008 by Collection Rolf Heyne GmbH & Co. KG, München

Fotografie: Luzia Ellert
Foodstyling: Gabriele Halper, Wien
Text: Ingo Swoboda
Rezepte: Oliver Hoffinger
Redaktion der Rezepte: Marianne Glaßer, Röslau, und Gabriele Halper, Wien
Lithografie: Lorenz & Zeller, Inning am Ammersee
Druck und Bindung: Printer Trento, Trento
Printed in Italy

ISBN 978-3-89910-405-9